U0600355

美国

66号公路

世界之旅

［澳大利亚］劳伦·史密斯　著
［澳大利亚］詹姆斯·格列佛·汉考克　绘
王扬　译

GUANGXI NORMAL UNIVERSITY PRESS
广西师范大学出版社
·桂林·

目录

序	3
旅行本身	4
大洋洲	10
亚洲	16
中东及中亚	22
欧洲	28
非洲	34
北美洲	40
南美洲	46
南极洲	52
后院	58

序

　　我们的世界实在太大了。如果你想周游全世界所有的国家，在每个国家待上一个月，那你需要花掉超过16年的时间。实际上，即便你只是在某些国土面积较小的国家走马观花地旅行，也需要花几天时间。

　　有些国家的国土面积很大，只待一个月根本不可能真正全面地了解那些国家。

　　世界尽管很大，可从很多方面来看，它又可以很小。比如信息可以在全世界被迅速传播，人们可以通过互联网沟通交流。当然，旅行也是沟通交流的好方法。

　　当要说明一个人住在哪里或者写下住址时，有些国家的人往往是从小处开始：先是房子或者公寓的号码，接下来是街道的名称，以及他所在的城镇，再接下来是他所在的市区和省份，最后是他所在的国家，比如美国、巴拉圭或者法国。另一些国家在这方面的书写顺序正好与之相反。但是，需要强调的是，所有人都是地球人，这可能是书写住址时最重要的一点。

　　作为地球上的居民，我们有权利和责任去探索这颗星球的方方面面，这颗星球也有很多地方有待我们的探索。从小小的梵蒂冈到面积广大的俄罗斯，每个国家都有值得探索的好地方。

　　我们可能会投身惊心动魄的探险，也可能会探访历史遗迹。我们可能会发现地球上最美的风光，也可能会见识最与众不同的生活方式。我们可能想要了解不同地方的文化，或者去看看当地人在吃什么好吃的。

　　世界很大，让我们赶快动身吧！

旅行本身

周游世界

　　无论你计划何种旅行，重要的是要记住，旅行本身就是一场冒险。你可以来一场快速旅行（乘飞机），也可以慢慢观光（乘坐热气球）。你可以结伴出行（乘游轮），也可以独自上路（划独木舟）。无论是海上、陆上还是空中，世界都任你遨游。

　　我们的世界由七个大洲——非洲、南极洲、大洋洲、欧洲、亚洲、北美洲和南美洲组成。地球上有大约1.49亿平方千米的陆地，大约3.61亿平方千米的海洋。

　　世界各地每时每刻也许都有人在旅行。他们可能正在搬往新住处，或者正在旅行之中享受假期，又或者正在野外探险。你可以以任意一种理由开展一次旅行，有太多的旅行去处供你选择。

你也不一定要坐飞机去旅行，你的出行方式可以多种多样。

乘坐西伯利亚大铁路的列车

完成"极地帽子戏法"①

跟着东非动物大迁徙

在阿特拉斯山脉远足

历史

人类总是在迁徙。据说，我们的祖先是在不断进化的同时，逐渐从非洲来到欧洲和亚洲，接着又来到澳大利亚和美洲。人们发明了轮子、用于航海的船只、标有文字和符号的地图。到18世纪，人们发明了蒸汽机。之后，又陆续出现了蒸汽火车和蒸汽轮船。这些发明在推动工业发展的同时，也让旅行变得快捷而舒适。到了20世纪，人们发明了飞机，开始征服天空。现在，人们几乎可以游览地球上的任何地方，而随着现代运载火箭和航天器的出现，人们到外星球旅行也不再是天方夜谭。

文化

人们在不同地方定居，随之产生了不同文化。一个地方文化的成因有很多，包括地理环境、劳动和分工、群体生活、历史基础等。世界上有成千上万种文化。无论你选择去哪里旅行，你都可以获得丰富的文化体验，比如学习当地舞蹈、参观当地的博物馆，或者参加当地的节庆活动。

美食

随着不同文化的出现，人们也发展出了当地特色美食——由当地的农产品配合当地做法而成。不同文化中的特色美食有些也存在相似之处，比如都会利用谷物制作面包或者其他碳水化合物，都会制作酸奶、奶酪或是味噌之类的发酵物。而有些食物，比如饺子，在全世界都可以找到它的变种——波兰饺子、意大利方饺、日式饺子、南美的各种馅饼等。

景观

我们的地球是围绕太阳运行的四颗岩石行星之一，不过地表以海洋为主，陆地面积仅占地球表面积的29%左右。不同气候在地球表面的分布有一定规律——从南北两极到赤道，依次分布着寒带的、温带的、亚热带的、热带的气候。即便处在同一气候带，不同地区的地貌和景观也存在极大差异——从一望无际的沙漠到高耸入云的山峰，从密布的森林到开阔的草原。

野生动物

据估计，目前地球上总共生活着150多万种动物，这个数字让人难以置信，但地球上可能存在过的物种是这个数字的十倍，许多物种，比如恐龙，已经灭绝了。从小小的、在土壤中蠕动的无脊椎动物到有史以来体形最大的蓝鲸，不同颜色、大小、形态的动物生活在我们这颗星球的各个角落——从南极冰层深处到炎热的沙漠中心。很多人旅行的目的就是去看这些在自己生活的地方看不到的动物。

探险活动

推动人们探险的最大动力是其对新体验的好奇和渴望。在体验了一些新奇或者充满刺激性的事物后，人们通常会感到兴奋，仿佛获得了前所未有的感受力和活力。有人不喜欢这种感觉，但有人痴迷于此，后者往往会通过旅行寻求更多类似的体验。世界上有很多惊险刺激、令人心潮澎湃的探险活动，只要愿意并能保证安全，这些都值得人们去体验。

① 指滑雪到南极、北极和格陵兰岛。

参加世界上最长的
徒步旅行

乘坐西伯利亚
大铁路的列车

参加蒙古
汽车拉力赛

72天环游地球

乘坐东方快车

骑摩托车
穿越丝绸之路

参加追随荷马的奥德赛之旅

在阿特拉斯山脉
远足

乘船游览
湄公河风光

观看
东非动物大迁徙

乘坐世界上最长的
航班

乘坐海洋交响乐号

寻找拉塞特金矿

过世界上最长的生日

完成"极地帽子戏法"

探险之旅

在月球上行走

很多人都去过太空，但到目前为止，只有12个人曾在月球上行走。这些人都来自美国，他们都谈到了在月球上行走是多么让人难忘的体验——尤其是回望地球的时刻。现在，你还有机会成为第一个登上月球的女性，或者成为你的国家中第一个在离家大约384 000千米的月球表面行走的人。

参加征服者之路山地自行车挑战赛

这场狂野骑行比赛吸引了全世界山地自行车手的目光，它会把你从太平洋的边缘带到加勒比海的边缘。这场比赛采用的是西班牙人当年第一次到达哥斯达黎加时的路线。现在，骑上山地自行车，你需要坚持3天。

参加朗姆之路帆船挑战赛

这项单人帆船赛每4年举办一次，横跨大西洋，至少需要一周时间才能完成。比赛在法国的圣马洛港和法属瓜德罗普岛的皮特尔角城之间进行，这条路线是历史上法国人运送朗姆酒的海上通道。

参加蒙古汽车拉力赛

蒙古汽车拉力赛从伦敦开始，到蒙古的首都乌兰巴托结束，被称为"地球上最伟大的汽车探险"。车队自行设定驾驶路线——有的向北取道北极圈，有的向南途经巴基斯坦。规则只有三个：参赛汽车只能安装不超过1升排量的引擎，不可以配备补给车队，以及必须募集1000英镑（折合人民币约9000元）的款项用于慈善事业。虽然一路上要穿越恶劣的地理环境，但故障与灾难往往与探险的乐趣相伴。

参加世界上最长的徒步旅行

这条徒步旅行路线从南非的开普敦到俄罗斯的马加丹，全程超过22 400千米。如

果每天行走8小时，你大约需要562天才能完成。

寻找拉塞特金矿

拉塞特金矿位于澳大利亚中部偏僻地区，它拥有标志性的传奇寻宝故事：自从职业水手拉塞特宣布他发现了价值20亿美元的巨大金矿后，多年来人们进行了多次探索，却一直没能找到它。

乘热气球环游世界

2002年，美国男子史蒂夫·福赛特成为独自乘坐热气球不间断成功环游世界第一人。他的旅行距离达到了33 000千米，只花了不到15天的时间。

乘船游览湄公河风光

湄公河是东南亚最长的河流，全长约4 350千米。它发源于中国境内，流经缅甸、老挝、泰国、柬埔寨和越南（或者从这些国家之间经过），最终汇入中国南海。沿湄公河航行，你将有机会欣赏这些国家的风光，品尝东南亚美食——烤肉粉、越南煎饼和阿莫克鱼。

骑摩托车穿越丝绸之路

丝绸之路是一条古老的贸易路线，从埃及的开罗和土耳其的君士坦丁堡，一直延伸到东端繁华的都市——中国的长安（今西安）。丝绸、香料以及其他东西都通过这条路线运输并最终完成交易。1500多年以来，丝绸之路促进了很多国家的文化与思想的交流传播。现在，你可以租一辆摩托车，在古老的道路上穿行，沿途欣赏沙漠与河流风光。

72天环游地球

1889年，勇敢的记者娜丽·布莱在短短72天内就完成了地球环游之旅。11月14日，她登上一艘轮船，从美国的新泽西前往英国伦敦，由此开始。她借助汽车、火车、轮船旅行，穿越法国、意大利和地中海，绕过阿拉伯半岛，抵达斯里兰卡的科伦坡。然后她乘船到中国香港，再到日本横滨。再然后，她乘坐轮船来到美国旧金山。最后，她搭乘一列私人火车，于第二年的1月25日返回新泽西。

骑自行车环游世界

英国人托马斯·史蒂文斯在1884年4月~1886年12月，骑着前轮大后轮小的早期自行车环游了世界。如果跟随他的脚步，你要从美国旧金山出发，向东骑到波士顿，坐船到英国利物浦，穿过欧洲，来到土耳其、中东地区。然后，你要骑车到达印度，坐船去到中国香港，沿途骑行后再乘船抵达日本，最后回家歇脚。

过世界上最长的生日

德国人斯温·哈格迈尔发现，如果从新西兰的奥克兰飞往澳大利亚的布里斯班，再从布里斯班飞往美国檀香山，通过跨越时区，可以让自己的生日延长到46个小时。

乘坐安第斯探险者号列车

这列豪华列车将带你穿越秘鲁，从库斯科到普诺。你沿途可以欣赏到的的喀喀湖的浮岛、穿过科尔卡峡谷的秃鹰，还可以吃到美味的秘鲁美食，比如羊驼肉意式饺子，皮斯科苹果塔和阿雷基帕的挂浆巴婆果，还可以喝到用利马咖啡豆做的卡布奇诺。

观看东非动物大迁徙

东非动物大迁徙大概是世界上规模最大的动物大迁徙了，每年有超过200万只角马、斑马和羚羊在塞伦盖蒂和马萨伊马拉的大地上寻找水草丰美之地。你还可以看到狮子、猎豹和鳄鱼等顶级捕食者伺机而动的场面。

参加追随荷马的奥德赛之旅

荷马史诗《奥德赛》是西方最古老的文学作品之一，可能写于公元前8世纪末，讲述了奥德修斯在特洛伊战争后长达10年的返乡之旅。你可以在第勒尼安海周围航行，游览当年激发荷马灵感的地方——从克罗地亚的姆列特岛到西西里的独眼巨人石，以及意大利的埃奥利群岛。

乘坐世界上最短的航班

世界上最短的商业航班往返于苏格兰岛屿韦斯特雷和帕帕韦斯特雷之间。如果天气等各方面条件良好，全程可能只需要不到60秒。

乘船游览加拉帕戈斯群岛

游览加拉帕戈斯群岛相当于追寻查尔斯·达尔文的脚步。正是加拉帕戈斯群岛的观测之旅，为达尔文后期形成的自然选择和物种演化理论奠定了基础。尽管达尔文对这里的雀鸟印象极深，但你也可以在这里看到其他动物，比如海鬣蜥、企鹅和巨龟。

大洋洲

神奇岛屿大集合

　　大洋洲指位于太平洋西南部及赤道南北的广大岛屿和大陆，包括澳大利亚、新西兰和巴布亚新几内亚，以及斐济、汤加、基里巴斯和图瓦卢等国家。大洋洲总人口超过4 100万，其中大约2 400万生活在澳大利亚。在大洋洲生活的人大多临海而居，但也有人生活在像澳大利亚、新西兰和巴布亚新几内亚这些相对较大国家的内陆地区。在海岸边生活极大地影响了这些地方的文化，尤其是在那些相对较小的岛屿。

　　许多游客来到大洋洲，是为了观赏这里的海滨风光。人们不仅可以沉醉于世界上最大的珊瑚礁——大堡礁，还可以欣赏新西兰米尔福德峡湾的美丽风光。还有一些游客来到大洋洲，是为了了解居住在该地的土著居民。另外一些游客则是为大洋洲独特的动植物而来，包括澳大利亚的袋鼠、巴布亚新几内亚的天堂鸟。

大洋洲有很多珊瑚礁和田园牧歌般的风景，你可以在这里进行浮潜或者水肺潜水，还能见识到各种神奇的生物。

在米尔福德峡湾远足

发现天堂鸟

品尝帕卢萨米

探访船棺岛

历史

4万年～6万年前，有一群人从东南亚移居到今天的澳大利亚。他们在这片土地上分散开来，慢慢形成了拥有自己的语言和传说故事的土著群体。等到欧洲人到来并定居之后，土著群体遭到了极大冲击，很多土著居民因此丧命。到今天，澳大利亚和新西兰的大部分人都有欧洲血统。英语是大洋洲的主要语言。

文化

这里有很多景点，可以让你近距离接触大洋洲的土著文化。你需要做的最重要的事就是找一位土著向导或者当地老人，他们会十分乐于跟你分享自己民族的历史和文化。体育运动在这里起到了团结作用，比如球赛，尤其是橄榄球赛，你也可以参与其中。这里还会举行非常多的节庆活动。此外，这里还有众多的博物馆，通过参观，你能进一步了解构成大洋洲的不同群体文化。

美食

这里有各种独特的土著美食，制作时大多就地取材，比如海鲜。土著美食的食材、菜品和烹饪方法直到最近才受到当地高档餐厅的青睐。当地的饮食文化与欧洲国家的生活习惯密切相关，比如澳大利亚的饮食就深受英国传统饮食习惯的影响。现如今很多国家的美食都非常多元化，菜单上也出现了很多其他国家或者地区的美食。

景观

作为地球上最古老的大陆，澳大利亚大陆拥有诸多不同的自然景观，包括内陆的红土荒漠、郁郁葱葱的热带森林等。新西兰、巴布亚新几内亚和所罗门群岛沿着构造板块的边缘分布，拥有高大的山脉和密布的森林。大洋洲还分布着一些热点火山形成的火山岛。此外，还有珊瑚岛。大洋洲各地区的气候也不同，澳大利亚和新西兰主要是温带气候，其他大多数岛屿则是热带气候。

野生动物

大洋洲的野生动物种类极其丰富。大洋洲岛屿众多，动物能够在相对安全和独立的环境中进化，这里的许多国家都拥有很多独特的本土动物。大洋洲拥有超过110种特有鸟类，包括不能飞的鸟，以及令人印象深刻的天堂鸟。这里还有很多独特的哺乳动物，包括澳大利亚著名的有袋动物，世界上近七成的有袋动物都来自澳大利亚。由于没有大型原生陆栖捕猎者，这些独特的哺乳动物大多体形都不算小。

探险活动

大洋洲不乏惊心动魄的探险活动——大多与这里独特的自然风光紧密相关。长期以来，新西兰堪称冒险活动的圣地，尤其是蹦极。在澳大利亚也有各种各样的活动，从在米塔米塔河上进行激流漂流到与巨大的鲸鲨一起游泳，你都可以参加。南太平洋上有很多令人惊叹的潜水地点，在那里你可以与刺魟或者座头鲸近距离接触。

进行世界上最高的瀑布缆绳攀登

在福克斯冰川跳伞

攀登伊苏尔山

在尼维斯河上蹦极

在米尔福德峡湾远足

在乌卢鲁巨石上看日出

探访骷髅岛

看圣诞岛螃蟹大迁徙

在墨尔本板球场看澳式橄榄球联赛

玩悠波球

吃肉馅饼

遇见短尾矮袋鼠

参观怀唐伊条约屋

在米塔米塔河上进行漂流

做椰浆生鱼片

看圣基尔达的小企鹅

品尝帕卢萨米

探访十二使徒岩

在圣灵群岛间航行

在大堡礁潜水

和鲸鲨一起浮潜

探索丹翠雨林

穿越汤加里罗越山步道

在科科达小径徒步探险

吃澳式烤香肠

发现天堂鸟

探访霍比屯

参加保护海龟志愿活动

欣赏卡卡杜岩画

品尝洛佛大餐

探访萤火虫洞

参加劳拉舞蹈节

在大洋洲旅行

在科科达小径徒步探险

这条全长96千米的多日徒步路线将带尔穿越巴布亚新几内亚的丛林。第二次世界大战期间，日本军队和澳大利亚军队在这里展开过激战。这条徒步路线以其行走艰难而闻名，徒步时的路况也因当地潮湿的气候而变得复杂。沿着这条小径行走，你会途经几个当地传统村落。

在福克斯冰川跳伞

当你从约6千米的高度跳下时，你不仅可以鸟瞰绵延13千米的福克斯冰川，还可以欣赏新西兰最高的山峰（库克山）和库克山国家公园。

在乌卢鲁巨石上看日出

站在这块348米高的巨石上观赏日出，你将领略到澳大利亚中部地区令人难忘的色彩。在这一天的行程开始后，你可以在导游的带领下绕到乌卢鲁巨石底部参观，聆听阿南古人讲述这片土地的古老传说，还可以欣赏彩绘洞穴和水洞风光。

参观怀唐伊条约屋

1840年，大约540位毛利族酋长和英国人签署了《怀唐伊条约》。该条约商定了毛利人和英国人将在新西兰建立一个怎样的国家。现如今，当时人们签订条约的小屋已经被改造成了博物馆，它将为你打开一扇窗，让你有机会了解这段历史。

攀登伊苏尔山

瓦努阿图的伊苏尔山是世界上较容易攀登的活火山之一，从停车场到山顶的火山口边缘，攀登只需要15分钟。它常年小规模喷发，已经持续了数个世纪。人们会对这座火山进行严密监测，只有在火山活动较少时才允许游客攀登。不过你应该了解，火山喷发随时都有可能发生。

在米尔福德峡湾远足

当诗人布兰奇·鲍恩在1908年走过米尔福德小径后，她开始对之赞叹不已：在新西兰西南海角远端，远离所有人们熟悉的旅游景点的地方，坐落着著名的米尔福德峡湾。它是大海的入口，其壮丽甚至超过了挪威的峡湾。

近年来，人们修建了一条从内陆通往这一峡湾的小径。来到这条小径上的人们，只要迈开双腿，睁开双眼，心怀对大自然最孤独也最美丽的景致的热爱，就一定能获得最满足的体验。布兰奇·鲍恩的评价到今天依然适用。这条全程约53千米的多日徒步路线，依旧是世界上最美妙的徒步路线之一。

玩悠波球

在新西兰，你可以到罗托鲁瓦玩悠波球，这座城市正是悠波球运动的发源地。在把自己固定到一个巨大的充气圆球里之后，你可以做很多事情，比如沿一条平缓的道路向前滚动。

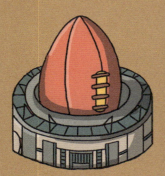

在墨尔本板球场看澳式橄榄球联赛

澳式橄榄球联赛第一个赛季于1896年举办。作为一项标志性的全国运动联赛，这项运动会在澳大利亚各地进行，甚至在提维群岛等地也十分火爆，但它的中心却始终在墨尔本板球场。自1902年起，每年联赛的决赛都会在这里进行。

吃肉馅饼

在墨尔本板球场，你还可以看到澳大利亚这个国家的另一大标志——简单的肉馅饼，这是英国殖民者留下的遗产。肉馅饼就是把肉馅包裹在面饼里，再配上番茄酱。有的人把它看作澳大利亚的国菜，但新西兰人也经常吃。

探访骷髅岛

这座小岛被视为所罗门群岛中的一个圣地，当地人称它为"库杜海特"（土著语"骷髅岛"之意），早已死去的酋长和战士的头骨被存放在三角形的棺或者祭坛里。要抵达这个地方，你需要先坐飞机到蒙达岛，穿越罗维亚纳潟湖。而在登陆之前，你的向导还要征求神明的同意，然后才可以踏上岛屿。

参加劳拉舞蹈节

这个节日每两年有一次。来自约克角半岛和其他地区的澳大利亚土著居民齐聚一堂，共度这个节日。这个节日旨在将传统传承给下一代，并与外界分享他们的文化。这个节日是你体验原住民文化的绝佳机会，同时，参与传承世界上现存的古老文化的传说和传统，也将令你感到自豪。

品尝洛佛大餐

"洛佛"是斐济一种传统的烹饪方法，即在一个地下大烤炉里烹饪食物。这种烹饪方法在太平洋地区很常见，新西兰管它叫"汉吉"，夏威夷叫"劳乌"，在萨摩亚和汤加则叫"乌姆"。具体做法是先挖一个大洞，然后在里面生火。等明火烧尽，只剩下热炭时，再把事先用椰树叶包好的肉、蔬菜和帕卢萨米（一种用芋头叶、椰油、洋葱、盐和奶油牛肉制成的食物）放进坑里，慢慢烤熟。

发现天堂鸟

天堂鸟们曼妙的舞姿总是令观鸟迷们着迷。有30多个品种的雄鸟可以完成这种舞蹈表演。它们主要分布在巴布亚新几内亚、印度尼西亚和澳大利亚北部的雨林中，颜色大多鲜艳明亮，还有装饰性的长羽毛。新几内亚部落的原住民经常把这种羽毛作为头饰。

参加保护海龟志愿活动

你在很多地方都可以参与到保护海龟的志愿活动当中，其中一个很有名的地方就是大堡礁的凯恩斯海龟康复中心。世界上有6种海龟生活在大堡礁，它们中的大多数生存状态都很危险，或者濒临灭绝。该中心的工作重点是治疗那些因吞食塑料袋、被船只撞击或者被渔网缠住而受伤的海龟们。志愿者的工作包括协助喂养和清洁海龟、参与研究以及清理海滩。

亚洲

雄峰伟岸

世界上人口最多的5个国家，有4个在亚洲——中国、印度、印度尼西亚和巴基斯坦。亚洲有些地方的人口非常密集，比如某些平原地区，平均每平方千米有40 000多人；有的地方则人迹罕至，比如戈壁、沙漠，平均每平方千米还不到一个人。

亚洲的地域十分辽阔，地形、气候因而也丰富多样。这里有世界之巅——喜马拉雅山脉的珠穆朗玛峰，海拔8 848.86米；也有世界最低点——西太平洋马里亚纳海沟的挑战者深渊，低于海平面11 034米。这里各个地区气候差异也十分巨大，喜马拉雅冰川地带让人觉得凛冽刺骨，东南亚热带海滩则让人觉得炎热潮湿。

亚洲地形、气候等方面的多样性和悠久的历史，孕育出了多样的文化，同时，复杂多变的环境和丰富的生物种类又形成了众多著名的旅行探险之境。你既可以探访散落在各个国家的著名古城，也可以在中国某些景点设置的玻璃栈桥上行走。

东南亚有很多浮村，分布在柬埔寨、越南和泰国等国家。

参加红毛猩猩保护活动

攀登珠穆朗玛峰

垒长城

做肉脯

历史

在亚洲，分布在中国和印度的河谷地带土壤肥沃，孕育了世界上古老的文明——先是人们生活在长江、黄河和印度河沿岸，随后各个国家出现，继而扩散到整个大陆。科学和文化取得了重大进步，包括小麦、水稻的驯化种植，以及印度教和佛教的发展。不同帝国起起落落，比如由成吉思汗建立、一度所向披靡的蒙古政权。到17世纪，欧洲国家开始进入亚洲，不断进行殖民掠夺。很多国家直到第二次世界大战之后才重获独立。

文化

尽管亚洲各地风俗习惯有诸多相似之处，但各地的悠久历史造就了一系列独特的文化。你可以参观不同国家的宗教场所（比如印度教寺庙、日本神道教神社和中国佛教佛塔），你还可以游览风格迥异的亚洲城市（比如日本东京和越南河内），以及一些远离喧嚣的地区，从而领略这些文化的不同侧面。

美食

亚洲最常见的食材是大米（稻谷脱壳后便是大米），水稻最早正是在这里被驯化的。许多国家在高高低低的坡地或宽阔的沼泽地开辟出大量的稻田。其他常见的食材包括海鲜、大豆，面粉和米粉在许多地区也很常见。食材的组合方法因国家而异，比如俄罗斯东部地区的人们便热衷于面食、汤和炖菜。

景观

亚洲最显眼的景观莫过于喜马拉雅山脉。这一系列山脉的总面积达到了59.5万平方千米。亚洲地形由大面积的平坦地区主导——高原、平原、草原和沙漠。这些不同的地形构成了非常丰富的旅游景观。亚洲淡水资源丰富，这一点同样重要。长江是世界第三长河，同时也是中国的第一长河。俄罗斯的贝加尔湖是世界上最深的湖泊，拥有世界上约20%的地表不冻淡水。俄罗斯沿海一带的海域在冬季被冰块包围，而亚洲南部热带地区的海域则有红树林和湿地景观。

野生动物

亚洲是一些野生动物的家园，在遥远的北方有北极熊，在南方的竹林里有大熊猫，在山地和更广阔的地区，则生活有雪豹和狼这样的食肉动物。你可以在科莫多岛上找到世界上现存最大的"龙"——科莫多巨蜥，还有多种鳄鱼和蛇，包括著名的眼镜王蛇。亚洲还有狮子、黑熊、大象、犀牛和许多种类的有蹄类动物，包括西藏牦牛。在整个热带森林，你还能看到很多灵长类动物，比如眼镜猴和红毛猩猩。当然，对于相信有神秘动物存在的人来说，雪人就生活在亚洲的某一地方，尽管目前尚未有科学证据证明这一说法。

探险活动

爱好探险的人也能在亚洲找到不少好去处，比如去马里亚纳海沟深处探险、穿越洞穴迷宫或者攀登世界之巅。追求速度的人可以选择到越南河江环线或者海拔4 000多米的中巴国际公路——喀喇昆仑公路进行"摩托狂飙"。在亚洲，有众多可供徒步、攀登和探险的地方。

参观泰姬陵

参加灯笼节

攀登珠穆朗玛峰

登长城

穿行于喀喇昆仑公路

造访虎穴寺

参加红毛猩猩保护活动

参观清水寺

和无刺水母一起游泳

做肉脯

看樱花

探访兵马俑

做寿司

探访丰洲鱼市

做保护大熊猫志愿者

在亚洲旅行

攀登珠穆朗玛峰

珠穆朗玛峰海拔8 848.86米，是世界上最高的山峰。1953年，埃德蒙·希拉里和丹增·诺尔盖首次登上珠穆朗玛峰。尽管如今科技取得了巨大进步，但征服这座山峰仍非易事。

参加灯笼节

在越南会安的老城，每个月的满月之夜，人们都会关闭电灯，把里面放着蜡烛的灯笼放进秋盆河。人们还会在河边吟唱传统歌谣和诗篇，摆放供品祭祀祖先，祈祷好运。

探访丰洲鱼市

在东京的人工岛上，有一个热闹的丰洲市场。如果你在一大早光顾，就可以看到人们为巨大的金枪鱼竞相出价的场景。2019年，一条重达278千克的蓝鳍金枪鱼以3.368亿日元的价格成交，约合人民币2100多万元。

参观波隆纳鲁瓦古城

这座古城是斯里兰卡第二古老的城市，已被联合国教科文组织列入《世界遗产名录》。它始建于10世纪，在12世纪由帕拉克拉玛巴胡一世进一步完善。漫步在宫殿、寺庙、墓穴和佛塔的废墟之间，你可以想象昔日精心建造的城市盛景，还能看到很多被称为"寺庙猴"的猴子。在帕拉克拉玛巴胡一世统治期间，城市自给自足，修建了灌溉系统。至今，这些灌溉系统仍在发挥作用。

品尝越南米粉

越南米粉主要以肉汤、牛肉（或其他肉类）、香草和米粉为原料。越南各地米粉的做法不同，味道也有所不同。历史学家认为，这道美食在20世纪初就出现了，小贩们扛着炊具，相当于移动厨房，每天早晚都在售卖。

鸟瞰蒲甘寺庙群

欣赏缅甸蒲甘地区数千座佛教寺院、庙宇和佛塔的最佳方式之一是乘坐热气球，从空中鸟瞰。这些寺庙于公元9～13世纪兴建在平原上。当时蒲甘是缅甸王国的首都。可惜的是这里恰好位于地震带之上，因此缅甸王国鼎盛时的10 000多座寺庙，如今只剩下几千座。

品尝榴梿

榴梿原产于婆罗洲和苏门答腊岛，这种外壳带刺的大个水果有非常强烈的气味，令很多人避而远之。有人形容它的气味是腐烂的蔬菜和臭袜子的味道。喜欢它的人却会对它的味道赞不绝口——很甜，像奶油或蛋奶的味道。在2020年，一个装有4个榴梿的包裹，在通过邮政系统到达德国一家邮局后，该邮局不得不紧急疏散所有员工，有的员工甚至因榴梿的气味感到恶心而入院治疗。

穿越赞斯卡冰河

这条徒步路线需要沿冰封的赞斯卡河河面行走105千米。在高耸入云的悬崖间，游客主要在夏季进行徒步旅行（此时夜间温度仍会降至冰点以下）。这是一条极其危险的徒步旅行路线，游客不仅要面临高原反应的

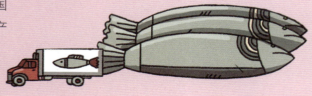

风险，而且其他危险也比比皆是——就在2020年，一队徒步旅行者不慎跌落水中，被卷入洪流，所幸最终所有人都获救了。

参观清水寺

这座佛教寺庙始建于778年，以木质结构衔接，没有使用一颗钉子。寺院的一侧有一个13米高的观景台，可以将京都谷地尽收眼底。在江户时代（1603—1868年）有一种说法，人如果从台上跳下去，就可以实现一个愿望。如今，跳台活动被禁止了，光是欣赏风景也足够有趣。

寻找雪豹

雪豹已被列为濒危动物，据估算，全球野生雪豹只剩下不到7 000只。它们分布在亚洲北部和中部，包括喜马拉雅山脉。雪豹一贯独来独往，行动难以捉摸，因此寻找雪豹很不容易。

游览张家界国家森林公园

这座公园有3 000多座高耸入云的山峰。观赏张家界风光的最佳方式之一是乘坐世界最高的室外电梯。在张家界大峡谷，你还可以通过世界最高的玻璃桥穿越峡谷。

骑马造访杜克哈部落

由于驯鹿在当地文化中扮演着重要角色，杜克哈人也被称为"驯鹿牧民"。这是一个生活在蒙古北部偏远地区的小部落，他们的生活中处处有驯鹿的身影。旅行团可以带你骑马穿越泰加针叶林带，参观他们的部落。

和无刺水母一起游泳

菲律宾的水母湖在12 000年前从海洋当中分离，湖中的金色水母开始进化和繁衍。现在来到这里，你可以和2 000万只无刺水母一起浮潜。需要注意的是，你只能在水面附近活动。水下15米处就开始有大量致命毒气，使人无法继续下潜。

造访虎穴寺

这座寺庙的正式名称是帕罗塔克桑寺，建造在不丹的悬崖边缘。自8世纪中期藏传佛教传入不丹以来，这座寺庙在该国就备受重视。虎穴寺修建于1692年，曾遭火灾，1998年重建。参观者需要徒步或者骑马才能到达。

从阿瓦钦斯基火山滑雪而下

位于俄罗斯远东地区的堪察加半岛上有300多座火山，其中阿瓦钦斯基火山是该地区较为活跃的火山之一。这座地层火山在历史记录中有过16次之多的爆发，造成过雪崩和泥石流等次生灾害。如果胆子足够大，你可以参加当地的旅行团，到火山侧面滑雪。

在洞里萨湖上打篮球

柬埔寨空尼浮村坐落在东南亚最大的淡水湖洞里萨湖上。这里有一个篮球场，你可以跟当地人一起打篮球，那将会是非常有趣的体验。

中东及中亚

黄沙漫漫与绿洲点点

中东和中亚位于亚洲的西南部，从哈萨克斯坦一直延伸到欧洲和非洲边缘。这里炎热且干旱，大部分是沙漠和灌木丛，不过也有森林出现在土壤肥沃的河谷周围。大部分土地被用于游牧和畜牧。这里生活着不同族群的人，其中人数最多的是阿拉伯人和突厥人。

尽管这一地区的一些首都城市，比如乌兹别克斯坦首都塔什干，人口密度达到了每平方千米几百人，但整体来说，这里的人口密度极低，大部分地方每平方千米只有1~10人，整个阿拉伯半岛的人口密度甚至还要低于这个数字。

这里是世界古老文明的发源地之一。多股力量在这里起起落落，形成了混合着现代与历史文化气息的城市与乡镇。

迪拜的哈利法塔是世界上最高的建筑，它高828米。

奢观佩特拉古城

在死海上漂浮

制作鹰嘴豆泥

在阿曼尝试单人深水攀岩

历史

　　诸多古老文明在这里诞生，包括美索不达米亚文明和斯基泰文明。公元前6世纪，波斯帝国统治了这里大部分地区，随后其他帝国交替登场，包括拜占庭、突厥、回鹘、蒙古和奥斯曼。从20世纪初到第二次世界大战后，英、法等欧洲国家实际控制着许多中东国家。目前，这里有一些国家仍然处于动荡之中。中亚地区的哈萨克斯坦、吉尔吉斯斯坦、塔吉克斯坦、土库曼斯坦和乌兹别克斯坦在苏联解体后，于1991年纷纷独立。

文化

　　虽然存在着诸多不同的文化，但这里的人民有一个共同点，那就是好客。邀请客人来到家里，尽可能周到地款待，在中东和中亚地区，同样是非常重要的事情。这种慷慨之情有一部分源于哈萨克和阿拉伯游牧民族的好客传统。对于游客来说，尤其是在大城市之外，当地人邀请你到家里一起喝茶或者吃饭，这意味着你将有机会体验他们真实的生活。

美食

　　这里以小麦、大米等谷物作为主食。在中东，羊肉也是重要的食材。除此之外，这里的人们还会经常食用马肉。各种乳制品也很重要，包括苏兹马（一种浓稠的酸奶）和卡地克（一种饮用型的酸奶）。由于位于丝绸之路的必经之地，这一地区的饮食也颇受国际影响，主要体现在当地的面条、肉饭和糕点当中。

景观

　　沙漠是该地最常见的自然景观。这里有阿拉伯沙漠，包括一个被称为"鲁卡哈利"（字面意思是"空旷地带"）的地区。还有叙利亚沙漠、土库曼斯坦的卡拉库姆沙漠，以及乌兹别克斯坦的克孜勒库姆沙漠。许多沙漠地区被山脉和高原环绕，比如扎格罗斯山脉和阿尔泰山脉。底格里斯河和幼发拉底河为中东地区孕育了一片肥沃的土地，人类在此繁衍生息。哈萨克斯坦是世界上最大的内陆国家，其北部大部分地区被广阔的干旱草原覆盖，被称为大草原或大达拉。

野生动物

　　在中东及中亚地区，生活着很多沙漠和草原特有的生物。沙漠里生活着沙猫、大羚羊、骆驼、耳廓狐和瞪羚等。你还可以看到很多啮齿类动物，比如仓鼠和沙鼠。大草原上生活着高鼻羚羊、地鼠、土拨鼠和鼠兔。在这一地区，还生活着一些十分珍稀的鸟类。雕、鹰、隼在这一区域还发挥着重要的文化作用，比如金雕，在哈萨克游牧文化中有着举足轻重的作用，而猎隼对于中东地区的人们来说，则意义非凡。

探险活动

　　这里的探险活动和其他地区的大不相同。这里有令人难以置信的自然风光和探险体验，比如穿行于瓦迪拉姆谷（月亮谷），或者驻足在"地狱之门"——昆仑山死亡谷的边缘。还有一些惊险的活动足以列进你的愿望清单——登顶哈利法塔、观赏阿曼山区石灰岩海岸的岩石。你可以在里海这个世界上最大的内陆湖上体验风筝冲浪。

参观佩特拉古城

在哈萨克草原上用金雕狩猎

品尝手抓饭

参观祖巴拉堡

探访阶梯温泉

在死海上漂浮

徒步穿越杰拉什

穿越杰达溶洞

制作法拉费

游览耶路撒冷

参观斯坦哈特自然历史博物馆

在中东及中亚旅行

在阿曼尝试单人深水攀岩

这种攀岩是在没有保护绳保护的情况下，在深水上方进行的。水面单人攀岩要比陆地攀岩安全一点儿——即便从高处跌落，你也无性命之忧。阿曼穆桑代姆半岛的海湾附近有绵延数千米的石灰岩悬崖，非常适合单人深水攀岩。

骑山地自行车穿越帕米尔公路

在户外越野爱好者看来，穿越帕米尔高原的帕米尔公路是一条堪称史诗级的户外越野公路。它起于塔吉克斯坦的杜尚别，一直延伸到吉尔吉斯斯坦的奥什，全长1 000多千米。在这里骑行，你将先后穿过布满碎石的土路和相当平整的柏油公路，经过帕米尔人的村庄，深入山谷，欣赏到帕米尔高原上的壮丽风景。

参观莫克清真寺

这座寺庙位于伊朗的设拉子，内部装饰精美，有彩色玻璃、釉面砖和波斯地毯。这座清真寺也被称为"粉红清真寺"和"万花筒清真寺"，建于19世纪末。

在死海上漂浮

死海位于以色列、巴勒斯坦和约旦的交界处，其盐度为海水平均盐度的8～9倍。由于盐度过高，动物和植物无法存活，这片水域得名"死海"。你会发现在死海上漂浮很容易做到。

品尝别什巴尔马克

这是哈萨克斯坦最常见的一道菜，"别什巴尔马克"意为"五根手指"，因为按照传统，这道菜是要用手抓着吃的。它由煮熟的肉、面条和洋葱制成。制作和食用这道菜还有很多习俗，比如要根据客人的年龄、性别和社会地位等分给其相应数量的肉片。

品尝手抓饭

手抓饭在全世界有不同的配方。在乌兹别克斯坦，传统的做法是用羊肉、洋葱和胡萝卜在明火上煮。但其实制作这道菜的做法很多，在乌兹别克斯坦国内就有超过120种做法。它通常出现在婚宴上，由男人们负责烹饪，一般他们会煮上百千克的米饭，在婚礼当天的早上就能被吃光。

在哈萨克草原上用金雕狩猎

自古以来，在哈萨克斯坦草原上就有使用金雕狩猎的习惯。金雕是一种大型猛禽，双翼展开可达2.3米。对于猎人来说，金雕很有价值，他们会利用金雕捕捉土拨鼠、野兔和狐狸。在哈萨克斯坦，人们会进行一年一度的被称为"萨亚特"的金雕狩猎比赛。这项活动堪称哈萨克斯坦的标志活动，你可以跟带着金雕的猎人一起

打猎，并从中管窥这个国家的人们的生活方式。

参加世界游牧民族运动会

这项运动会每两年举办一次，以纪念中亚游牧民族的传统生活和运动。比赛项目有萨尔布伦（使用金雕、猎隼和猎狗狩猎）、埃尔恩什（骑马、摔跤），以及一些传统的棋类和骰子游戏。

探访阶梯温泉

这座位于伊朗的阶梯温泉，是由数千年来从矿物温泉中流淌出的泉水不断流淌、冲刷、冷凝，最终汇聚而成的。泉水整体呈蓝绿色，橙色、黄色和红色点缀其间。世界上虽然有少数几个地方的温泉也会呈现出不同的颜色，但伊朗的阶梯温泉仍是独一无二的。

参观佩特拉古城

这座古老的石头城是2 000年前由纳巴泰人在约旦的砂岩峭壁上开凿出来的。纳巴泰人是游牧民族，他们的沙漠王国在公元前312年左右兴盛起来。他们是收集和储存水的专家——这在干燥的内盖夫地区是必不可少的技能。而他们的砌筑技能则在建造佩特拉古城（又称玫瑰城）时得到了展示。

在"地狱之门"的边缘驻足

这个69米宽的人造大陨坑被称为"地狱之门"，它在几十年前被人工点燃，目的是防止天然气田坍塌后泄漏的甲烷气体扩散。这个巨大的火坑位于土库曼斯坦的卡拉库姆沙漠中央，火光冲天的景象令人印象深刻。2013年，探险家乔治·康鲁尼斯曾身穿特制的带有热反射涂层的防护服下到坑底，采集生活在里面的细菌样本。

在瓦迪拉姆过夜

这里又被称为"月亮谷"，因为这里就像月亮的表面一样宁静沉寂。你可以在这里露营。月亮谷留存了很多文明印记。现如今，这里是贝都因人的家园，他们可以指导游客如何在这一区域进行徒步旅行或者攀岩。

制作法拉费

法拉费是一种传统的中东美食，即由磨碎的蚕豆或鹰嘴豆制成的油炸丸子。这道菜的起源如今已经无法考证。

参观阿布扎比猎隼医院

这是世界上第一所专门为猎隼服务的医院，每年会治疗约6 000只猎隼患者。猎隼在阿联酋这个国家的文化中意义非凡，是该国的象征。它曾被贝都因游牧民族用来猎捕兔子、小型鸟类，甚至是羚羊。由于对游牧民族作用很大，很多人家会把猎隼当成家庭中的一员。现如今，阿联酋各地都有猎隼比赛和相关的庆祝活动，这个国家的很多人都拥有这种鸟，并视其为珍宝。

在纳克侯驻足

这座阿曼传统小镇坐落在一片沙漠绿洲当中，周边环绕着被泉水哺育的椰枣树林。这座城堡围绕一块巨石而建，建造时间是7世纪前。城堡里现在有一座博物馆，每周五还有一个山羊集市。周围有温泉和河谷，这里是徒步旅行、野餐和进行峡谷探险的好地方。

鲱鱼罐头

欧洲
繁华而美丽

　　欧洲是世界第六大洲。它既有世界上面积最大的国家——俄罗斯（一部分），也有世界上面积最小的国家——梵蒂冈。欧洲的人口非常密集。俄罗斯首都莫斯科有1240多万人，土耳其著名城市伊斯坦布尔有1500多万人。不过欧洲也有一些极小的城镇，那里只生活着极少的人。

　　在2019年评选的"世界最受欢迎的十大旅行景点"中，欧洲独占七个——意大利的罗马斗兽场、圣马可广场，法国的卢浮宫和埃菲尔铁塔，梵蒂冈博物馆，西班牙的圣家族大教堂和荷兰的安妮·弗兰克之家。

　　广受欢迎的欧洲旅行日程往往会包含很多历史文化景点，但对于爱好探险的人来说，更好的旅行日程还需要容纳更多探险项目——不走寻常路！

希腊人对哲学有着孜孜不倦的探索。

在希腊群岛间游泳

在贝里斯拉帕森林中寻找驯鹿

在赫瓦尔岛悬崖跳水

制作波兰饺子

历史

历史上有很多帝国都曾在欧洲盛极一时，比如米诺斯帝国和希腊帝国。当罗马帝国在5世纪走向衰败时，中世纪开始了。在这段时间，不同族群努力开疆拓土，比如维京人。城市不断发展，土地所有权在不同国王的统治下流转。14世纪开始的文艺复兴带来了许多科学发现。而在19世纪工业革命时期，英国、西班牙等国把船只开往全世界，通过殖民和奴隶贸易极大地改写了人类历史。在20世纪，欧洲大陆爆发了两场战争。第二次世界大战之后，很多欧洲国家联合起来，建立了欧盟。

文化

了解欧洲文化的最好方式就是参观这里的15 000座博物馆。艺术爱好者可以参观巴黎的卢浮宫和阿姆斯特丹的梵高博物馆，而历史爱好者则可以参观奥斯陆的维京海盗船博物馆和希腊的卫城博物馆。还有一些专门介绍野生动物的博物馆，比如英国自然历史博物馆，以及专门介绍特定文化的博物馆，比如芬兰的萨米博物馆。更有一些不寻常的博物馆，比如爱尔兰的国立小精灵博物馆。

美食

欧洲美食种类繁多，主要特点是比其他地方更喜欢肉食，对小麦和乳制品更为依赖。来一趟早餐之旅是体验欧洲饮食的好方法——从全英式早餐（鸡蛋、炸香肠、蘑菇、烤豆子和培根）到法式早餐（法式羊角面包）。其他的特色早餐包括来自波斯尼亚和黑塞哥维那的碎肉配烤蛋、德国的培根煎饼，还有罗马尼亚的面团裹土豆泥饼。

景观

欧洲位于欧亚大陆西端，最北部有许多峡湾和湖泊以及广阔的苔原地带。北部有针叶林——平原大多发展成城市和城镇。欧洲还有几条主要河流，比如莱茵河和易北河。中部地区以茂密的森林为标志，包括德国的黑森林，这些森林曾经拥有更为广阔的范围。另一个主要景观是高山带，包括阿尔卑斯山和其他山脉。

野生动物

欧洲的野生动物分布与北美颇为相似。在寒冷的北方，有海象、北极熊和成群的驯鹿。稍往南的针叶林区，有驼鹿、熊、麋鹿和小型哺乳动物（比如森林旅鼠）。在森林地区，你可以看到在欧洲生活的大部分动物，比如鹿、狐狸、獾、刺猬、鼹鼠、松鼠和兔子等。在阿尔卑斯山，你会看到喜欢凉爽天气的动物，包括土拨鼠和北山羊、岩羚羊之类的野山羊，还有欧洲猞猁。在亚欧大陆西南方向的大西洋上，有葡萄牙的亚速尔群岛，那里是26种鲸和海豚的家园。

探险活动

在欧洲，有各种探险活动等待着热爱探险的人们。高处可以在雪朗峰边缘进行惊心动魄的徒步之旅，低处可以从赫瓦尔岛的悬崖跳水进入位于捷克的全世界最深的地洞深处。你可以在位于威尔士的滑行索道上体验极速的感觉，也可以在爱尔兰的诺克纳马拉体验缓慢但险峻的单人滑行之旅。你还可以在希腊群岛间游泳，或者在西伯利亚公路上骑行。再或者，你可以在多洛米蒂山脉进行定点跳伞，徒步穿越格鲁吉亚的高加索山脉。

在贝里斯拉根森林中
寻找驼鹿

在莫赫悬崖驻足

在赫瓦尔岛悬崖跳水

造访卡雷尔神庙

品尝鲱鱼罐头

鲱鱼罐头

制作比萨

驻足于布道石之上

在埃斯特雷马杜拉
观赏黑秃鹫

在希腊群岛间游泳

品尝椒盐脆饼干

学跳弗拉明戈舞

在夏至日、冬至日
参观巨石阵

在维斯岛绿洞游泳

造访巴黎地下墓穴

参加滚奶酪大赛

参加世界沼泽潜水锦标赛

潜入赫拉尼采深渊

在冰屋里欣赏极光

乘热气球飞越
卡帕多西亚

在采尔马特眺望
马特洪峰

在特里什尼什群岛
观赏海鸟

徒步穿越
阿莱奇冰川

在庞贝古城遗址漫步

去蓝湖泡温泉

制作羊角面包

制作波兰饺子

在罗多彼山脉寻找熊

品尝法式蜗牛

参观卢浮宫

参加摩纳哥大奖赛

参观安妮·弗兰克之家

在欧洲旅行

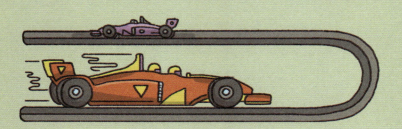

潜入赫拉尼采深渊

赫拉尼采深渊是捷克的一个洞穴，深度至少为海平面以下404米，还可能更深。在这里下潜非常困难，该处已知的第一次水下洞穴潜水发生在1580年。目前，人们正操控机器人下潜，绘制洞穴的3D地图。

在夏至日、冬至日参观巨石阵

大约4 000年前，人们建造了这组巨石景观，其中有些石头重达22吨。历史学家认为，这个遗迹可能起到了日历的作用。

参加摩纳哥大奖赛

这项一年一度的世界一级方程式赛车比赛自1929年起便在摩纳哥举行，是世界上著名的汽车比赛之一。

它的赛道十分危险。巴西车手埃尔顿·塞纳曾六次赢得这项赛事的桂冠，是目前所有车手中夺冠最多的。能成为一级方程式赛车的车手很难。想要实现这一目标，你需要先参加卡丁车赛，从业余车手中脱颖而出。

制作波兰饺子

波兰饺子早已成为波兰当地人的主食，每逢节日或者婚礼，人们还会制作不同的饺子配合庆祝活动。比如圣诞节前夕，人们会制作酸菜馅和干蘑菇馅饺子，而另一种波兰饺子要用鲜蘑菇调馅，再配上甜菜根汤食用。

徒步穿越阿莱奇冰川

阿莱奇冰川是阿尔卑斯山脉中最大的冰川，面积约170平方千米，有的地方厚达900米。你可以从海拔4 158米的瑞士少女峰火车站（欧洲海拔最高的火车站）出发，沿积雪谷徒步向下，先住进孔科迪亚木屋营地。第二天，你就可以步行穿过冰川，抵达梅尔杰伦西湖，并在山谷底部乘坐缆车。

参加滚奶酪大赛

英国的格洛斯特每年都会举行滚奶酪大赛。人们把一大卷奶酪或奶酪模型从库珀山上推下来，参赛者必须追着它跑。抓住它并最先冲过终点的参赛者，可以把这块奶酪卷带回家。不过这座山非常陡峭，很容易让参赛者受重伤。最早的比赛记录可以追溯到1826年，不过那时这项比赛似乎已经持续很久了。

参加世界沼泽潜水锦标赛

自1985年起，这项活动每年举办一次，地点是威尔士的威恩里德泥炭沼泽。你必须佩戴呼吸管、潜水面罩和脚蹼，在水下行进两条沟渠的长度，其间不能用手臂划水，只能用脚蹼踢蹬。另外，你还可以打扮得有趣一点儿。

乘热气球飞越卡帕多西亚

卡帕多西亚是土耳其的一个地区，这里以特殊的岩层、洞窟和修道院闻名，其中一些修道院活动的迹象可以追溯到公元4世纪。游览这一地区的最佳方式是在格雷梅乘坐热气球。通常情况下，每天都会有100多个观光热气球升到这片天空之上。

参观安妮·弗兰克之家

第二次世界大战期间，犹太少女安妮·弗兰克和家人一起躲在这栋位于阿姆斯特丹运河边的公寓里，她在里面写了日记。安妮没能在战争中活下来，但她的日记后来被出版了。她藏身的公寓现在成了一座博物馆，是荷兰第三大观光景点。

在特里什尼什群岛观赏海鸟

苏格兰的特里什尼什群岛是一个壮观的海鸟聚集地——有40多种鸟类出现在这里，包括管鼻鹱、海燕、三趾鸥和角嘴海雀。在群岛上观赏数千只海鸟的最佳时间是4~8月，这正是它们的繁殖期。在这段时间，鸟儿们的喙会变得十分鲜艳。

品尝鲱鱼罐头

这种以盐渍、发酵的鲱鱼为原料的食物，最早出现在瑞典，至少自16世纪起便开始被人们食用。据说，刚开罐的鲱鱼罐头散发的气味是世界上最难闻的气味。然而在瑞典，鲱鱼罐头每年可以卖掉80万罐。每年瑞典还会为鲱鱼罐头的新品发布举办派对，你可以把罐头里的鱼放在面包上，配着洋葱、土豆和酸奶油吃。

在庞贝古城遗址漫步

庞贝城曾是罗马的一座繁华城市，在公元79年的维苏威火山爆发中被摧毁。这座城市被火山灰掩埋后，却得以保存当时的风貌。在这里，你可以看到鲜艳的壁画和拉丁文涂鸦，感受当时罗马人的生活。

在埃斯特雷马杜拉观赏黑秃鹫

在欧洲，几乎一半数量的黑秃鹫生活在西班牙西部的埃斯特雷马杜拉地区。黑秃鹫是以腐肉为食的动物，它的翼展可达3米。埃斯特雷马杜拉还是很多独特鸟类的家园，比如西班牙帝雕和欧亚兀鹫。

驻足于布道石之上

这座高约600米的悬崖位于挪威西南部的吕瑟峡湾之上。登上瞭望台需要步行6千米，步行的最佳时间是午夜时分。如果时间安排得当，你便能够站在布道石上观赏日出。

在冰屋里欣赏极光

在芬兰北部的拉普兰，你可以到玻璃冰屋里露营，欣赏极光。你需要前往乌尔霍凯科宁国家公园以及萨米人居住的村庄。萨米人是这一地区的土著居民，因此你还可以了解他们的生活——他们与驯鹿和哈士奇的关系，以及他们如何在北极圈里过冬。

非洲

开阔、开怀、大开眼界

　　有一种说法，认为人类最早在非洲进化，然后才开始向世界迁徙，因为迄今为止最古老的智人化石是在摩洛哥的杰贝尔依罗发现的，其年代可以追溯到大约31.5万年前。总之，我们的祖先大概在非洲生活了700万年之久。今天，非洲由54个国家和9个地区组成，人口超过13亿。非洲是世界第二大洲，其中既有像拉各斯和开罗这样规模庞大、充满活力的城市，也有土著部落生活的城镇。

　　非洲有超过3 000个土著部落，据估计大约有2 000种语言。这一区域还拥有非常丰富的野生动物和矿产资源。尽管如此，受历史和地理因素的影响，非洲很多国家目前仍处在发展阶段，很多人勉强糊口，种植的粮食仅够维持自己一家人生活。非洲也有各种各样有趣的活动，比如发现令人惊奇的野生动物，了解当地富有地域风情的文化。最好的游览方式是找一位当地导游，他会和你分享有关他们的家园与生活的故事。

骆驼原产自北非和中东，它们非常适合在沙漠中生活。

参观杰内的大清真寺

在维龙加山脉寻找大猩猩

在尼罗河上乘坐帆船

烹饪大杂烩

历史

古埃及文明是非洲早期的先进文明之一，自公元前3 100年起，持续了近3 000年。当阿拉伯商人在8世纪将伊斯兰教传入埃及时，柏柏尔人（来自撒哈拉）、诺克人（来自尼日利亚）和班图人（来自非洲的南部和中部）等族群已经兴起，加纳帝国（瓦加督）也在这一时期建立。同时，惨绝人寰的奴隶贸易也已经开始，后来的几个世纪，共有1 000多万名黑人通过奴隶贸易被贩卖至美洲，而非洲为此损失的人口则更多。19世纪80年代至20世纪初，非洲大陆实际上受到欧洲列强的势力控制，直到20世纪50年代，许多非洲国家才独立。

文化

非洲有成千上万个族群，参观他们的市场——从北非迷宫般的市场（比如摩洛哥的阿加迪尔市场）到西非的露天市场，是了解这些族群，尤其是这些族群文化的一种方式。在这些地方，你可以买到当地的各种商品。此外，还有每周一次的集市，人们在那里交换农作物或牲畜。在冈比亚，你可以参观的市场有萨拉昆达的大型市场、巴考和滩基

的鱼市、布里卡马的木雕市场，以及巴塞圣苏的陶器市场。

美食

北非、东非、南非、西非、中非的美食虽然有明显的差异，不过，相同的是它们都绝对要依赖当地的产品，比如水果和谷物。另外，这些美食在殖民时期曾受到欧洲一些国家的影响，许多菜肴中既有富含淀粉的山芋、玉米、大蕉或木薯等原料，也有丰富的酱料和肉类。特别是在北非，阿拉伯商人和一些有影响力的人士为当地引入了香料，比如藏红花，并使当地人学会了使用古斯古斯等粗麦谷物来制作面食。

景观

非洲有各种别样的景观，尤其以各种"世界之最"闻名。为这片大陆养育了3亿多人口的尼罗河是世界上最长的河流（紧随其后的是全长约6 480千米的亚马孙河，不过科学家们还在研究这两条河的精确长度）。坦桑尼亚的乞力马扎罗山是世界上最高的单体独立山峰。维多利亚湖是世界上面积最大的热带湖泊，面积接近7万平方千米。撒哈拉沙漠是世界上最大的热

带沙漠，面积约960万平方千米。非洲不仅有沙漠，还有热带稀树草原、热带雨林和湿地等。

野生动物

非洲是世界上很多大型野生动物的家园。非洲象是陆地上体形最大的哺乳动物，体重可达10吨。成年长颈鹿身高可达6.1米，是世界上最高的动物。非洲还拥有最大的青蛙——非洲巨蛙，它的体重可达3.3千克。非洲大草原展示了食物链平衡的重要性：斑马吃草；狮子和猎豹等肉食动物以斑马等群居动物为食；鬣狗、秃鹫和野狗等食腐动物会吃掉动物尸体。

探险活动

也许是因为非洲的景观和动物都以"大"闻名，这里也不乏各种"大探险"。无论是划船从奥莫河里的河马身边经过，还是坐在赞比西河如雷鸣般的瀑布边上，都会带给你心跳加速的感觉。或许你会更喜欢在塞伦盖蒂草原观看狮子捕猎或者到撒哈拉的沙丘上冲浪。你还可能被酷热的达纳基尔洼地吸引，或者忍不住前往阿特拉斯山脉的滑雪场。

寻找狐猴

坐在魔鬼游泳池当中

参见杰内大清真寺

在塞伦盖蒂草原游览

制作一锅饭

乘莫科洛舟在奥卡万戈
三角洲顺流而下

参观拉利贝拉
岩石教堂

亨日大杂烩

遇见河马

品尝辣椒炖肉饭

在达洛尔体验
极致高温

在撒哈拉沙丘冲浪

在非洲旅行

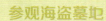

坐在魔鬼游泳池当中

在赞比亚和津巴布韦边境交界的维多利亚瀑布附近，有一个天然形成的岩石水池。维多利亚瀑布在当地洛齐人的语言中被称为"霹雳之雾"，是非洲最大的一道瀑布。在某些月份，你可以坐在这个小水池边，但不要忘记它的绰号是"魔鬼游泳池"。曾有人不慎从水池边上滑落，不幸丧命。

在桌山体验高山绳降

这座平顶山在南非的开普敦拔地而起，海拔1 087米。这座山上有很多徒步和攀岩的路径，不过你也可以在这里体验高山绳降项目。从这里可以俯瞰罗本岛、坎普斯湾、狮头山和十二门徒山脉。

在尼罗河上乘坐帆船

这种传统木船是在尼罗河上航行的最佳工具。你可以计划一个下午的短途旅行，或者乘船从阿斯旺到卢克索的多日旅行。尽管尼罗河上船只来往如梭，但你仍可以在船上悠闲地欣赏卡纳克、伊斯纳、康翁波和伊德夫的神庙，以及埃尔卡布古城。在夜间行船时，你可以躺在星空下的甲板上入眠。一路向北，你将看到金字塔和吉萨的狮身人面像。

品尝南非三明治

这道南非美食实际是将咖喱（原本是蔬菜和豆子咖喱，现在加入羊肉和鸡肉也成为常见做法）塞进被挖空的白面包里，再把白面包被挖出来的部分盖在咖喱上面一起食用。这道快餐需尽快食用！

参观海盗墓地

在17～18世纪，马达加斯加的布哈立岛是1 000多名海盗及其船员的避难所，其中包括基德船长。岛上的墓地据说是世界上唯一的海盗墓地。今天，这座岛吸引了不少寻宝者，他们相信海盗们的宝藏就藏在附近的沉船或某个隐蔽的角落里，等待着重见天日的那一天。也许发现宝藏的人就是你！

参观石头城

石头城指的是桑给巴尔的老城区，这里的许多建筑都是用珊瑚石灰岩建造而成的。由斯瓦希里人建造的这座非凡的、迷宫一般的小镇因其建筑而出名——很多房屋建成狭长形，围绕开阔的中央庭院分布。这些房屋往往配置有精心制作的大门、宽阔的走廊，还摆放着长椅，供人们休息和闲聊。

品尝辣椒炖肉饭

这是一种在尼日利亚和加纳等西非国家常见的菜肴,人们将大米、番茄泥、青椒和洋葱等为食材,加入咖喱粉等香料,搭配肉或其他菜肴(油炸大蕉等)一起食用。

参观杰内大清真寺

位于马里的这座大型黏土清真寺是世界上最大的泥土建筑。它曾被形容为"刺猬和教堂管风琴爱情的结晶"。这座清真寺在当地人心中占有十分重要的地位,他们每年都会举办节庆活动纪念这座清真寺,并对墙体进行修复。

参加国际撒哈拉节庆

这个节日曾被叫作"骆驼节",自1910年起在突尼斯的杜兹举行。其间,关于北非文化、艺术和传统的盛大庆典活动会同时举行,包括音乐、诗歌和舞蹈表演(突尼斯的头发舞),赛马、赛骆驼的比赛以及猎隼表演。

在塞伦盖蒂草原游览

坦桑尼亚的塞伦盖蒂国家公园面积超过14 000平方千米,是世界上屈指可数的大平原之一,角马和斑马会在该地区迁徙。在这个大草原上旅行,你不仅有机会看到狮子、鬣狗、鳄鱼、长颈鹿、豹子、大象和犀牛,还有机会看到动物大迁徙的壮观情景。这一地区是马赛人的家园,他们把这片土地称为"塞伦盖蒂",意思是"无尽平原之地"。

在维龙加山脉寻找大猩猩

位于非洲中部的维龙加山脉(分布在乌干达、卢旺达和刚果民主共和国之间)是体形庞大的山地大猩猩的家园。这里的大猩猩主要生活在海拔2 800~3 400米的火山边上,大部分时间它们都在那里进食和休息。据估算,现存的山地大猩猩大约有1 000只,它们无法用人工饲养的方式生存,这也就意味着想要看到它们,你只能深入维龙加山脉当中。

在达洛尔体验极致高温

达洛尔位于埃塞俄比亚境内,是世界上最炎热、最偏远的地区之一,它的年平均温度是34.6℃。达洛尔位于达纳基尔洼地边缘,达纳基尔洼地中不时有热液渗出,在地面形成盐原和硫黄温泉。这些硫黄温泉大多有极强的毒性,人进入后会有致命的危险。不过在导游的带领下,你可以在附近找到一些盐泉,放心地把脚放进去。

沿猴面包树大道漫步

这条大道位于马达加斯加,长260米,从猴面包树林中穿过。这里的猴面包树是马达加斯加6种猴面包树中最大的一种,已经有多达800年的历史,现在它们属于濒危物种。这条大道上的树本是森林的一部分,但大部分森林已被砍伐。到达这里之后,你还可以继续向东,前往佩里内特国家公园,那里有一种体形较大的狐猴——马达加斯加大狐猴。

参与犀牛保护工作

非洲有两种原生犀牛——黑犀牛(极度濒危)和白犀牛(接近濒危)。它们濒危的原因之一是被偷猎,偷猎者为了获得犀角而猎杀犀牛。有很多团体会对犀牛群体进行监测,执行反偷猎任务,还会照顾失去亲人的犀牛"孤儿"。

乘莫科洛舟在奥卡万戈三角洲顺流而下

穿行在郁郁葱葱的沼泽中,你将有机会看到河马、大象和鬣狗等野生动物。在奥卡万戈三角洲长大的博茨瓦纳人会成为你的舵手,用莫科洛舟带你穿过这片世界上最大的内陆三角洲。

北美洲

多种多样、多姿多彩

　　北美洲是世界第三大洲，由23个国家组成。超过5.89亿人在这里生活，其中大多数人（约3.3亿人）生活在美国。加拿大是这一区域国土面积最大的国家，将近1000万平方千米。北美洲还包括加勒比和中美洲的一些国家。

　　很可能在1.6万年前，北美洲就开始有人类居住了。北美洲原住民形成了独立的族群，还曾构建了中美洲的大型帝国——玛雅。玛雅人发明了历法、文字系统，还建造了巨大的石头建筑。

　　这块大陆的地理特点是中部大部分地区为开阔的平原，包括大草原和苔原；周围是长长的山脉，比如落基山脉和阿巴拉契亚山脉。沿海地区差异很大，南部是热带岛屿和佛罗里达州的湿地，北部则是阿拉斯加和加拿大漂浮着冰山的水域。

很多北美食物在全世界都受到欢迎，比如玉米卷饼和汉堡。

探访奇琴伊察古城

冰上钓鱼

在巴拿马观鸟

烤苹果派

历史

人类在抵达北美洲后，形成了北方的因纽特文明和南方的玛雅文明。欧洲人在15世纪到达这里，开始侵占土地，建立新殖民地。许多原住民被杀害，或者染上外来疾病。18～19世纪，这些新殖民地纷纷宣布独立。非洲人和很多其他地方的人被当作奴隶贩卖到这里（尤其是被贩卖到美国）。美国的奴隶制直到1865年南北战争之后才被废除。现在，所有北美洲人——原住民、欧洲移民后裔、非裔美国人和其他移民混合在一起，在这片土地上创造了诸多独特的亚文化。

文化

参加北美各国的节日庆典和传统活动，了解它们的历史背景，是一种了解北美文化的方式。在北美，你可以参加墨西哥的亡灵节，在加拿大卡尔加里牛仔节欢庆活动中驻足，在牙买加的雷鬼节上舞动身体，还可以跟巴拿马人民一起庆祝独立日。你也可以到纽约百老汇看演出，到蒙特利尔过喜剧节，参加马丁·路德·金纪念日活动，甚至可以在美国原住民或者因纽特人的土地上逗留，体验他们的传统生活。

美食

北美洲的美食受到国际风味的影响。你可以通过品尝甜食完成一次北美美食的极速之旅。巧克力起源于中美洲和墨西哥，那里的奥尔梅克人和玛雅人最先把当地的可可豆做成饮料。美洲东部的原住民长期从枫树上汲取糖浆，这是他们抵御严寒的重要能量来源，现在枫糖浆已经成为加拿大的标志性食材。现如今，美国的巧克力和糖果在全世界都很有名，尤其是用坚果、焦糖等原料制作的巧克力棒。

景观

大陆西海岸的山脉被称为"北美科迪勒拉山脉"，从阿拉斯加一直延伸到墨西哥。你可以沿着在美国境内总长4265千米的太平洋山脊国家步道徒步，穿越诸多山峰。北美大陆的东部，山的另一边，是地势较低的中央大平原，它常被称为"普列利"或者"大草原"。北美洲向北直抵北极圈，向南则包含了遍布加勒比海的热带小岛。因此，这里拥有诸多不同类型的生态系统，从苔原到雨林，从沙漠到珊瑚礁。

野生动物

由于拥有诸多不同类型的生态系统，北美洲也是各种动物的家园。一个特定物种，即关键种，能够起到支撑整个生态系统的作用。在北美，这样的关键种包括海狸（筑坝者，塑造景观）、棕熊和鳄鱼（顶级捕食者，控制其他物种的数量）、草原犬鼠（穴居者，保持土壤健康）、驯鹿（群居动物，被捕食者捕食）、穴居沙龟（隧道制造者，制造洞穴并被多达350种其他物种使用）和啄木鸟（捉虫者，让其他动物可以获取树液和树上的昆虫）。

探险活动

从美国的纽约这样的国际大都市到圣基茨和尼维斯的首都巴斯特尔这样的小城市，北美洲有很多可以探险的地方。不过，很多探险者会被极为荒凉的地方吸引——阿拉斯加的雪峰、亚利桑那州的开阔沙漠和墨西哥尤卡坦半岛的深邃洞穴。无论你是想寻找北极熊或者攀登约塞米蒂国家公园里的半圆山，还是想骑马穿越伯利兹，所有的北美国家都有奇妙的探险地在等待着你。

穿越科罗拉多大峡谷

参观蒂卡尔古城

在悬崖斯勒滑长雪橇

参加艾迪塔罗德雪橇犬大赛

在卡特迈国家公园看棕熊

参观独立宫

在卡哈本河上漂流

在老实泉边驻足

体验亡灵节

探访奇琴伊察古城

驾车穿越拉斯维加斯

欢迎来到拉斯维加斯

在基拉韦厄火山看熔岩入海

在羚羊峡谷拍照

在纽约看演出

美国

66号公路

制作玉米卷饼

徒步穿越纪念碑谷

沿66号公路旅行

参观珍珠港国家纪念馆

穿越水晶洞

吃一个奶酪汉堡

在墨西哥天井里游泳

在最后的荒野上进行直升机滑雪

冰上钓鱼

制作枫糖浆

走钢丝横穿尼亚加拉大瀑布

喝一杯果饮

在巴拿马观鸟

看棒球比赛

参观葛底斯堡古战场

参加恶魔岛之旅

烤苹果派

观看红鲑鱼洄游

划独木舟看虎鲸

在哥斯达黎加看海龟孵蛋

在北美洲旅行

走钢丝横穿尼亚加拉大瀑布

尼亚加拉大瀑布位于加拿大与美国的边境。查尔斯·布朗丁是第一个走钢丝横穿它的人，他于1859年完成了这一壮举，用时17分钟。第一个完成这一挑战的女性是玛丽亚·斯佩尔特里尼，她在1876年挑战成功。后来她再次挑战，绑上了双手，并且蒙上了眼睛。现在想要挑战走钢丝横穿大瀑布，你得先凑一堆表格！

冰上钓鱼

尽管冰上钓鱼的工具有了诸多进步，但现在的冰上钓鱼和当年美洲原住民的钓鱼方法仍有很多相同之处。早期的奥吉布瓦印第安人会在冰上凿洞，然后用矛捕鱼越冬。这项活动具有可持续性，只要你只捕捉自己需要的东西。你既可以在大城市的周边进行，比如安大略省附近的锡姆科湖，也可以在非常偏远的地方进行。

在卡哈本河上漂流

卡哈本河位于危地马拉，在一系列名叫"神圣之水"的阶梯状天然水塘下方流淌，长196千米。这条河水流湍急，非常适合漂流。附近还有很多洞穴，你可以借着电筒进行探索。

体验亡灵节

这个节日是为了纪念死者。在整个墨西哥，还有拉丁美洲的许多国家，人们会在祭坛上摆放照片、蜡烛、食物和金盏花等。传统信仰认为在这个节日期间，亡灵们将会回到家中探望亲人。亡灵节的庆祝活动有很多，包括聚会、游行和通宵守夜等。

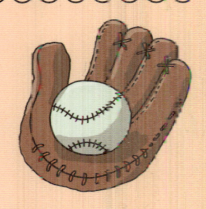

看棒球比赛

自19世纪以来，棒球便成了美国重要的运动之一，一年一度的世界冠军系列赛在1911年被描述为"美国最完美的赛事"。在瑞格利棒球场或芬威球场看一场球赛，甚至抓到一颗界外球，都是北美之旅必不可少的一种体验。

观看红鲑鱼洄游

每年，数量巨大的红鲑鱼都会向上游400多千米回到加拿大亚当斯河的繁殖地。最好的观赏地点是崔斯威克省立公园，这里每四年就会举办一次"向红鲑鱼致敬"活动。红鲑鱼对于当地的赛克维派克人来说意义重大。

参加艾迪塔罗德雪橇犬大赛

艾迪塔罗德雪橇犬大赛在阿拉斯加的安克雷奇和诺姆之间举行。参赛者（雪橇手）驾驭一支最多有16只雪橇犬的队伍，以团队形式进行比赛。这项比赛将持续一周，其间参赛者要面对非常严酷的考验，比如暴雪和极端低温。

在卡特迈国家公园看棕熊

在阿拉斯加的卡特迈国家公园里生活着大约2 200头棕熊，因此这里是观察棕熊的最佳去处。公园里最好的观测点是布鲁克斯营区，这里的观景平台可以保证你能在安全的距离内观察棕熊。在每年的7～9月份，棕熊会到河边捕捉向繁殖地洄游的鲑鱼。如果无法前往阿拉斯加也没关系，公园里每年都会安排直播，让你有机会观看棕熊捕鱼的场景。

穿越科罗拉多大峡谷

亚利桑那州的科罗拉多河数百万年来一直在侵蚀科罗拉多大峡谷的谷壁。大峡谷全长446千米，有的地方深度近2千米。在一条支流经过的峡谷中，仍有原住民（哈瓦苏人）生活。他们的名字是"在蓝绿色的水边生活的人"，因为峡谷周围是瀑布。如果征得他们允许，你可以在哈瓦苏人的土地上露营，徒步前往周围的瀑布，甚至到达科罗拉多河边。

制作玉米卷饼

用小玉米饼包裹馅料的吃法，可以追溯到阿兹特克帝国时期。玉米饼里常见的馅料种多样，有鱼、豆子、肉等，还可以加上摩尔酱等酱料。如今玉米卷饼有了很多改良做法，比如包裹着中东香料和烤猪肉的玉米卷碎肉饼，以及包裹着牛舌的玉米卷牛舌饼。

参观蒂卡尔古城

在郁郁葱葱的危地马拉雨林中，坐落着这座玛雅古城遗址。遗址中有大约3 000座建筑，包括宫殿、寺庙和体育场馆。有些建筑的历史可以追溯到公元前400～公元前300年，这座古城后来开始衰落，在公元10世纪被彻底废弃。

烤苹果派

这道经典美国菜看起源于英国，食谱可以追溯到14世纪，当时的殖民者带来了配方以及苹果种子。到19世纪，它已经成为美国的标志菜品和非正式的国菜。有时它会搭配冰激凌或者切达奶酪食用。

喝一杯果饮

这种饮料用水果、冰块制成，可根据个人口味加糖。在墨西哥各地的街头小摊或者商店里都可以买到这种新鲜的饮料。水果用的通常是西瓜、杧果和西番莲。其他流行口味包括欧洽塔（用大米和肉桂制成）、牙买加（用木槿花制成）。

穿越水晶洞

这个洞穴里有人类迄今为止发现的最大水晶。洞中最大的石膏晶体重达55吨，高12米。它可能花了几百万年时间才形成。你需要成为一名地质学家，才能进入这些被淹没的洞穴。

在老实泉边驻足

这座间歇泉每天大约喷发20次，喷出的热水总计达到31 000升。黄石国家公园的工作人员对它的喷发进行了监控，预测准确率达到90%。这座公园位于落基山脉南部，里面有10 000多处热液景观。

划独木舟看虎鲸

每年6～10月，加拿大的约翰斯通海峡会聚集200多头虎鲸，它们聚在一起是为了捕食迁徙的鲑鱼。独木舟爱好者可以到这里观看虎鲸们在罗布森湾的卵石上进食、玩耍以及相互揉肚皮。

南美洲
文化大熔炉

南美洲是一块长长的大陆，分别以西海岸绵延的安第斯山脉和东北部面积广大的亚马孙盆地为纵、横骨干。它是4.3亿人的家园，很多南美人的血统可以追溯到印加人或其他美洲原住民。从人口和面积来看，南美洲最大的国家是巴西——有2亿多人生活在那里，面积占这个大洲面积的一半左右。

很多人到南美洲旅行，是为了了解土著文化与当地的历史，比如徒步前往印加帝国的一处遗迹——马丘比丘。南美大陆分布有很多自然带，从热带海滩到亚马孙雨林（世界上最大的雨林），南部甚至有冰川覆盖，因而还吸引着那些热爱探险的旅行者前来。

此外，南美洲还有100多处被联合国教科文组织列入《世界遗产名录》的景观，包括著名的加拉帕戈斯群岛和秘鲁历史名城库斯科（它曾是印加帝国的首都）。

南美洲拥有世界上最高的瀑布（安赫尔瀑布）和最宽的瀑布（伊瓜苏瀑布）。

乘船游览亚马孙河

在瓦卡齐纳滑沙板

参与保护美洲豹活动

品尝酸柠檬汁腌鱼

历史

到15世纪，南美洲的主要文明发展到巅峰，尤其是印加帝国。其版图覆盖了这片大陆的大部分地区。西班牙、葡萄牙和荷兰探险家在15世纪初抵达南美洲，他们逐渐占领了这片土地。许多印加人、穆伊斯卡人、图皮人和瓜拉尼人要么被杀，要么死于外来疾病。19世纪，经过几次革命运动，南美洲许多国家获得独立。

文化

南美洲的文化受到了很多方面的影响，既有本土传统文化，也有外来的欧洲文化（尤其是西班牙和葡萄牙文化）。此外，移民文化也融入了这个文化大熔炉当中。南美洲还拥有丰富的舞蹈文化，著名的拉丁舞起源于印加以及北美的阿兹特克，经历了与移民舞蹈融合的过程，同时也受到了非洲舞蹈的影响。你可以在阿根廷学探戈，在巴西学桑巴，在智利学库埃卡，在秘鲁学马里涅拉，在厄瓜多尔学帕西约，等等。

美食

南美大陆美食的多样化也是多种文化融合的体现。这里不仅海产资源丰富，还有广阔的平原，适合种植谷物（比如藜麦）、土豆和各种水果，包括亚马孙梨、释迦果、香蕉和百香果。牛肉是南美洲常见的食材，尤其是在阿根廷，你很容易便能找到黑豆炖肉饭和烤牛肉大餐。南美洲美食也经常使用本土的其他肉类，比如豚鼠肉、羊驼肉和水豚肉。

景观

南美大陆在纬度上从赤道以北一直向南，最终延伸到靠近南极的区域。这里海拔落差极大——高处有安第斯山脉（世界最长的山脉），低处有亚马孙盆地，因此，南美洲拥有非常多样的生态系统与气候。从水量上看，亚马孙河是世界上最大的河流，不过人们认为长度上尼罗河更长。亚马孙河流经亚马孙雨林——地球上现存最大的热带雨林。

野生动物

在地球已知的物种当中，平均每10个里就有一个在亚马孙雨林中生活，其中就有世界上最大的啮齿类动物（水豚）和世界上最大的蛇（绿水蚺，重达500千克）。雨林中还有树懒、巨型食蚁兽、玻璃蛙和巨大的角雕。除了雨林里的生物，南美洲的其他标志性物种还包括厄瓜多尔会潜水的海鬣蜥，以及骆驼科的几位成员——美洲驼、羊驼、小羊驼和大羊驼。

探险活动

在南美洲，你可以徒步穿越郁郁葱葱的丛林，与潮湿和昆虫作斗争，当然也完全有可能和美洲豹或者水蚺狭路相逢。安第斯山脉是徒步者的天堂，这里有著名的徒步小径奥桑加特步道，可以带你前往神圣的彩虹山——这座山峰奇妙的彩虹色是当地独特气候的杰作。你还可以在阿塔卡马山脉干燥炎热的沙漠中露营，或者前往世界最南端的城市乌斯怀亚——许多南极探险者都会从这里出发。

徒步穿行托雷斯德尔佩恩
国家公园

在伊沃克拉玛雨林的
林间吊桥上行走

参观马丘比丘

参与安第斯兀鹫
保护活动

在"死亡之路"骑行

参与保护美洲豹活动

乘船游览亚马孙河

探访平图拉斯河手印

观察蜂鸟

在伊瓜苏瀑布上
划木筏

在世界尽头
荡秋千

潜入大蓝洞

品尝酸柠檬汁腌鱼

品尝肉馅饼

品尝太妃饼干

在南美洲旅行

乘船游览亚马孙河

亚马孙河在生机勃勃的亚马孙雨林中蜿蜒穿行。无论是沿河而上还是顺流而下，游览都有多种方式，不过大多数人会乘坐大型渡轮游览。你也可以租住在当地的野营小屋，或者自带吊床睡在外面——那样的话，你将有机会遇到粉红色的亚马孙河豚。

在"死亡之路"骑行

这条穿过安第斯山脉的骑行道路因危险而得名。它是一条长达64千米，曲折、狭窄的下坡路。在骑行过程中，你要注意躲避汽车。

参加狂欢节派对

这样的大规模庆祝活动在世界各地的城市都有，而且往往是在天主教大斋节之前举行。巴西里约热内卢的狂欢节派对（世界上最大规模的狂欢节）包括街头庆典和游行活动，很多音乐家和桑巴舞热爱者都会盛装出席，参加活动的人多达200万。

参观马丘比丘

印加帝国的历史遗迹很多，而马丘比丘是其中著名的景点之一。这座高高矗立在安第斯山脉之上的古城遗址可以追溯到15世纪，它是印加帝国盛极一时的证据。这是一个由寺庙、住宅和广场组成的密集建筑群，由人工切割的石头建成。要抵达这个历史遗迹，你可以走印加小道，从库斯科出发，徒步5天。另外还有印加河流小道可以选择，需要徒步9天，途经鲜为人知的乔昆丘拉——另一座坐落于森林中的印加古城，至今仍在等待进一步发掘。

品尝太妃饼干

这种夹心饼干是由黄油饼干制成的，里面涂上牛奶焦糖酱——一种浓郁的酱料，再在外面撒上糖粉。太妃饼干的配方可以追溯到中东地区，当时阿拉伯军队攻占了西班牙，后来，这种甜品随着西班牙人一起来到了南美大陆。糖果公司"木偶人"曾做过一次调查，结果显示每个阿根廷人每年要吃掉1千克这种饼干。

和高乔人一起野营

高乔人是西班牙人和印第安人混血后裔的一部分，在南美洲的很多地方，你都将有机会见到他们。你可以跟他们一起干活，学习驯马和照料马匹，以及一些农业技术和铸铁技能，然后在巴塔哥尼亚的星空下睡觉。

潜入大蓝洞

大蓝洞位于伯利兹海岸边，在灯塔礁中间。这是一个巨大的水洞。石灰岩洞穴的一部分支撑着班琥礁。大蓝洞深达124米，潜入这个充满钟乳石的空间当中，你将有机会看到自在生活的加勒比礁鲨和隆头鱼。

参观库拉普堡垒

这个堡垒是6世纪时由秘鲁的查查波亚斯人修建的，位于安第斯山脉高处的云雾林当中。虽然他们在西班牙人到来前不久已被印加人征服，但这并不妨碍查查波亚斯人以勇猛著称。这座堡垒展现了他们卓越的建造能力和不俗的艺术品位。

观察蜂鸟

蜂鸟振翅的频率极快，人类的肉眼无法捕捉。蜂鸟心脏跳动的频率可达每分钟1 260下，这使得快速振翅成为可能。它们以花蜜为食，依靠糖分提供飞行所需的能量。蜂鸟在整个美洲都能见到，大多数品种都可以在安第斯山脉附近的森林中被找到，其中刀嘴蜂鸟的喙几乎与身体等长。

造访摩艾像

复活节岛是拉帕努伊人的故乡，该岛位于太平洋，在地理上属于大洋洲，却是智利的特别领土。岛上有将近1 000座被称为"摩艾"的巨大石像，其中很多都被安放在岛边的平台上，面向岛内。这些石像刻画的是拉帕努伊人祖先的面孔，完成于1250～1500年。

探访平图拉斯河手洞

这座位于阿根廷巴塔哥尼亚地区平图拉斯河附近的洞穴令人叹为观止，里面不仅有很多人手轮廓的图像，还有描绘狩猎场景和动物的壁画，壁画里的动物有大羊驼和三趾鸵鸟等。洞穴中这些古老的绘画作品可追溯至9 300年～13 000年前。尽管其他国家较早期文明中也有以人手为模型的洞穴壁画，但平图拉斯河手洞中雕画的人手规模是最大的，值得一看。

驾车穿越乌尤尼盐沼

乌尤尼盐沼绵延10 000多平方千米，是世界上最大的盐沼。它位于玻利维亚安第斯山脉的高地，地势极为平坦，覆盖着享厚的盐层。在雨季，适量的积水会将盐层变成一面不可思议的镜子，映出天空。在旱季，随着水分的蒸发，多边形的盐脊会显露出来。你可以驱车穿过盐田，寻找科尔克萨的木乃伊。

造访安赫尔瀑布

安赫尔瀑布是世界上落差最大的不间断瀑布，整体落差达979米。它位于委内瑞拉的圭亚那高原，以美国飞行员吉米·安赫尔的名字命名。有人认为这座瀑布应该回归其土著名称，即来自培蒙语的"克拉帕库派梅茹"，意思是"最深处的瀑布"。想要抵达这座瀑布并不容易，它远离该国首都，位于雨林深处，但非常值得一睹其风采。

穿行于阿塔卡马沙漠

这项超级马拉松赛事需要参赛者在短短7天内，从彩虹谷出发，最终到达圣佩德罗·德阿塔卡马镇，中间要穿越智利干燥的阿塔卡马沙漠，全程250千米。这段路程的地形极其复杂，包括沙丘、峡谷、草原和盐碱地。你需要自备食物和衣物，帐篷、水和医药用品由援助组委会提供。

参与保护美洲豹活动

在巴西潘塔纳尔湿地荒野有一些志愿活动，帮助人们研究和保护美洲豹。作为一种全身长有斑点的大型猫科动物，美洲豹已被世界自然保护联盟列为濒危动物。志愿者的工作是帮助科学家继续建立该地区的美洲豹数据库。你还可以在这一地区发现其他罕见的野生动物，包括卷尾猴、金刚鹦鹉、鬃毛狼和美洲大白鹳。

南极洲

广阔的冰封之地

南极洲大部分地区都是沙漠，虽然听上去有些荒唐，但这里每年只有中部地区会有大约50毫米的降水量，因此，从严格意义上讲，这片区域的确属于沙漠。南极大陆是世界上风速最大、最干燥、最孤立的大陆，面积不足1400万平方千米，人口密度极低——每年夏季约有5000人居住在这里。

阿根廷、澳大利亚、智利、法国、新西兰、挪威和英国都对南极洲提出过领土主张，其他对南极洲没有领土要求的国家则在这里建立了科考站，比如日本、印度和南非。根据《南极条约》，南极洲的所有地区都被划为科学保护区，采矿和军事行为（比如建立军事基地）都是被禁止的。

南极洲几乎所有的陆地都被冰雪覆盖着，这里是企鹅、藻类和水熊虫的家园。这里的人类居民大部分都是科研工作者，此外还有一些是科学考察基地的日常工作人员。每年有超过5万名游客来到这片冰封大陆，在冰山间观光或者观赏企鹅、鲸和海豹等极地动物。

南极洲是观赏极光的理想之地。

造访亚蒙森小屋

在企鹅邮局寄信

重现沙克尔顿的南乔治亚之旅

进行极地跳水

历史

精通航海的波利尼西亚人很可能最早抵达了南极水域。有一个流传在他们族群中的传说，讲述了一位伟大的水手在公元650年左右抵达了这片冰封之地。关于南极最早的正式记录直到1820年才出现，当时有几支探险队正在探索地球的南部海域。挪威人罗尔德·阿蒙森率领探险队在1911年成为最早抵达南极点的人，那是一个开展探险活动的英雄时代。很多国家都对这片土地提出了领土要求，但人们最终制定了重要条约，为科学与和平共同保护这块土地。

文化

这片大陆没有原住民。恶劣的天气和坚韧不拔的到访者塑造了这里的文化。来到这里，你可以了解科研人员在科考站中的生活，或者参观南极探险英雄时代的历史遗址。另一个重要体验是到英国乔克顿寻港的企鹅邮局寄一封信回家。这里的邮政系统表明，在如此遥远的地方与亲人保持联络是多么重要。

美食

南极洲没什么美食。各个科考站依靠罐头、冷冻食物和干粮生活。科考站里通常会配备厨师，负责统筹食物的安排和订购。有些科考站还精心设计了水培设施，可以在水里种植新鲜的瓜果蔬菜。他们还会为特殊时刻举办小型的庆祝活动，比如庆祝隆冬的到来。当人们前往野外或者外出探险时，也需要高热量、易携带的食物，比如巧克力和肉糜饼（一种干肉、碎肉和动物脂肪的混合物）。

景观

南极洲有98%的面积长年被冰雪覆盖，冰雪之下有火山、山脉和平原。作为世界上第一大冰盖，南极冰盖被自然作用塑造成山峰、山谷和裂隙。在海岸附近，南极大陆上的冰川断裂成冰山进入海洋，为野生动物提供栖息地。冬天，冰层会延伸到距离海岸数千米的地方。由于气候变化，一小部分岩石从冰原中露出，形成岩石露头或者孤立的山峰。

野生动物

在这里生活的都是能适应极端条件的特殊动物。帝企鹅是唯一在南极大陆繁殖过冬的动物，它拥有三层保护：羽毛、皮肤和脂肪，从而确保自己在冰天雪地里体温仍能维持在相对稳定的状态。该地区也有一些鸟类、海豹、鲸和小型无脊椎生物生活，比如南极磷虾、水熊虫和跳虫。

探险活动

鉴于南极的极端条件，你需要有非常健壮的身体才能到南极探险。到达南极本身就是一种探险，尤其是对于那些容易晕船的人来说。抵达南极后，你可以体验南极探险英雄时代的经历，尝试用滑雪、雪橇或狗拉雪橇到达南极。另外一些体能出众的探险家可能会对水上活动感兴趣，比如极地跳水——跳入冰冷刺骨的海水中。大多数游泳者都忍受不了极地的低温，但是，英国人刘易斯·皮尤曾只穿一条泳裤，在南极冰层下游了10分钟。

在杰拉许海峡发现鲸

在企鹅邮局寄信

观赏极光

访问研究站

吃生日蛋糕

在雷麦瑞海峡划橡皮艇

乘船穿越德雷克海峡

造访莫森小屋

在欺骗岛泡温泉

重现沙克尔顿的
南乔治亚之旅

徒步前往南极点

参观雪地圣母教堂

看南方象海豹

与10万只企鹅
坐在一起

进行极地跳水

参加南极冰川马拉松

在南极洲旅行

重现沙克尔顿的南乔治亚之旅

1915年，欧内斯特·沙克尔顿的南极探险队的船只被困在威德尔海的冰层中动弹不得，最终，他和一小队探险员完成了不可思议的求救之旅，成功救出了其他船员——他们乘坐一条小救生艇，航行了1 300多千米到达南乔治亚岛，随后在南乔治亚岛的荒野中跋涉，最终找到当地的捕鲸站，获得了帮助。想要追随他的脚步，你需要全力以赴。

吃生日蛋糕

澳大利亚厨师乔丹·史密斯曾在多个科考季中担任澳大利亚南极研究基地凯西站的厨师长。她的绝活之一是为科研人员过生日或者其他庆祝活动制作蛋糕，她最拿手的是制作红鼻子驯鹿蛋糕和极光主题的蛋糕。在冰天雪地中，派对和蛋糕对于保持士气必不可少。

徒步前往南极点

实际上，有三个南极点你可以去——地理南极点，即地球自转轴与地球表面的交点；地磁南极点，即地球磁轴垂直于地球表面的交点，这个点并不固定；还有一个是最难抵达的南磁极点，位于南极大陆上距离海岸最远的地方。

在企鹅邮局寄信

位于洛克罗伊港的企鹅邮局，在当年11月~次年3月对外开放。它的名字来源于生活在邮局周围的大约600对筑巢的巴布亚企鹅。这里是南极大陆少数几个可以寄信的地方。

在欺骗岛泡温泉

这座岛本质上是一座活火山，只要在沙滩的黑沙上挖坑，马上就会有温水涌出。这里的气温在冰点上下，但你可以在温水里游泳。

进行极地跳水

如果你不喜欢在温水里游泳，那么极地跳水可能更适合你——脱掉外衣，从船上跳进冰海或者从沙滩上冲进海水中，痛快地游上一番。不过你必须系上安全绳才能下水，因为人在冰冷的水里通常只待上几分钟，就可能会有生命危险。

参观雪地圣母教堂

这座教堂是南极的8座教堂之一，是在阿根廷科考站附近的冰层上开凿出来的。

在雷麦瑞海峡划皮艇

雷麦瑞海峡是南极半岛的一条狭窄的海峡，被陡峭的悬崖包围，周围耸立着诸多冰山。在这里，除了可以看到令人惊叹的冰层，你还可以看到冰层崩解的景象。

观赏极光

闪烁的南极极光可以在天空中延伸上千米。虽然在塔斯马尼亚和南半球其他地方偶尔也可以看到这一奇妙景观，但是极光照射在冰川上，再被反射回空中的奇妙景象，是南极独有的。

在杰拉许海峡发现鲸

这条海峡位于帕尔默群岛和丹科海岸之间，那里的很多冰山都是观察座头鲸的好去处。座头鲸会聚在一起觅食，如果足够幸运，你还能看到它们用气泡网合力捕鱼的场景。

看南方象海豹

雄性南方象海豹的体重可达4吨，身长可达5.8米。除了鲸，它们是海洋中体形最大的哺乳动物。它们因大鼻子而得名，生活在南极洲的边缘。你可以报名参加志愿活动，帮助科学家记录它们的数量以及行为，比如当它们拖着臃肿的身体上岸时，偶尔会对企鹅领地造成破坏。

参加南极冰川马拉松

这场42千米的马拉松比赛在南极半岛最北端的乔治王岛上举行。赛事采用环形赛道，起点和终点都是俄罗斯的别林斯高晋研究站。2019年，这项赛事女子组冠军由澳大利亚人苏珊娜·麦吉恩夺得，她也曾在全世界其他洲完成过马拉松或半程马拉松。

乘船穿越德雷克海峡

德雷克海峡指的是位于南美洲南端和南极洲之间约1 000千米宽的一片水域，大西洋、太平洋在此交汇。它是世界上风浪最大的水域之一，乘船经过时，很多人都会引起强烈的晕船反应，不走运的话，你可能全程都要待在卫生间里。

与10万只企鹅坐在一起

每年夏天，超过5.2万对帽带企鹅会来到象岛筑巢，因为这附近的水域里有丰富的磷虾。而先前的企鹅规模是现在的两倍，但坐在叽叽喳喳、吵吵闹闹的企鹅中间，仍会是一种令人印象深刻的体验。随着全球环境问题对南极的影响越来越大，这种体验的机会也许会愈加珍贵。

造访莫森小屋

澳大利亚探险家道格拉斯·莫森是南极探险英雄时代的重要人物之一，他和他的团队在1911~1914年探索丹尼森角时住过的小屋一直保留到了今天。在参观这一处被精心保护的遗迹时，你会对莫森团队在冰天雪地中生活数年的艰难困苦感同身受。

后院

你的专属野外空间

到这里，我们已经探索了在世界各国可以探险的地方。尽管列出一长串旅行清单很有趣，但是周游世界并不是一件容易的事情，所以，你可以在自家后院进行探险。

很多人家里都有一个很大的后院，那里是菜园和宽敞的游戏空间。除此之外，可能还会有一个阳台，用来烧烤和养花；或者会有一个前院，旁边有一个小公园，可以骑骑自行车，踢会儿足球。如果你住在森林或大海边，可以看小动物在林间奔跑，或者去沙滩上玩耍；如果你的房子附近有一条小溪，你可以在溪边散步，听鸟儿欢快地歌唱。

不管住在哪里，你都可以把附近能进行安全探索的地方当作后院——一个可以玩耍和学习的地方。如果拥有一个后院，不管它是什么样子，你都可以邀请伙伴们一起探索！不过在探索之前，你还是应当跟家长商量一下，让他们知道你想做什么，以便在你需要时提供帮助。

有后院的一大好处在于，你可以跟家人和朋友一起探索。

后院

搭建一个阅读角

建造一个蛙塘

了解你所生活的城市

和邻居一起做饭

历史

　　世界上的各个大洲都有悠久的历史，你家的后院也一样。你可以从不同角度思考，比如从自己的家庭入手——你家在这里住了多久？在你们之前谁住在这里？你家为何会在这个地方定居？或者你也可以从这座城市入手——谁建造了它，准为它命名？很久很久以前是什么人住在这里？你生活的地方会有各种各样的历史供你发掘：有哪种土著人曾生活在这片土地上？他们说什么语言？怎样称呼这片土地？等等。

文化

　　你可以在自家后院或者附近的公园里，为自己、家人或者朋友创造各种美好的体验。有各种各样的事情可供你了解：你可以抬头观察天空或者低头研究土地，你也可以探访街坊四邻或者邀请他们来旅行。另外，你还可以绘制地图，拍摄关于自家的短片，或者在后院开辟一个只属于你自己的特殊空间。

美食

　　涉及食物，你家的后院或者屋子里也是你探索的好地方。你可以学习种植蔬菜，或者请别人教你制作菜肴。你可以为邻居做饭，或者向他们请教宝宝和成年人的食谱，通过这种方式和他们建立联系。无论是给自己做饭，还是为别人准备一顿丰盛的大餐，你在家里就可以对食物进行无尽的探索。

景观

　　你是否住在热带离海滩不远的地方？或者住在很冷的北方，一到冬天万物就会结霜？也许你住在一座繁华的大都市，到处都是马路、楼房和人行道。但你家附近的公园是什么样的？里面是否有古树？是否有如茵的草地，长着可爱的鲜花？我们都生活在不同的环境中，面对着不同的气候、植被类型和地貌，了解自己所在的环境大有益处。你可以对整个城市或者社区进行了解，或者只了解你家的院子——雨水会在哪里汇集，或者哪个角落始终阴凉舒适。

野生动物

　　无论你住在哪里，你生活的环境中一定有一张错综复杂的动物网。即便是在城市里，你一定也曾被鸟鸣唤醒过。你知道早上是哪种鸟儿在歌唱吗？你知道面前的人行道上可能会有蜘蛛和昆虫穿梭吗？如果有蜥蜴出来晒太阳，你知道它们是什么品种吗？在你家附近的公园或者小溪边，还会有更多野生动物出没！

探险活动

　　虽然我们的生活和摩托车大奖赛或蹦极相去甚远，但是在自家后院或附近地带，也会有很多激动人心的探险活动。你可以从之前从未尝试过的事情开始，无论是探索一个新地点，还是跟朋友赛跑或者设计一场简单的单人障碍赛。探险活动可以非常简单，比如在后院里露营，聆听夜行动物或昆虫在夜间忙碌的声音。

在后院旅行

参加比利车大赛

比利车是一种自制的卡丁车，你可以在家长的帮助下制作一辆，并在家长的陪伴下开到一处适宜的地方参加比赛。除了控制方向，刹车功能也是非常重要的！

建造鸟巢箱

建造鸟巢箱是在自家后院建造本地物种栖息地的好办法。很多鸟儿喜欢生活在树上，但为了建造新房子、修建道路，城镇里有很多老树被砍掉了。鸟巢箱可以复制鸟类喜欢的栖息地，给它们提供一个安全的空间来筑巢、抚育幼鸟。调查你家附近有哪些鸟类生活，然后再上网查一查它们喜欢什么样的鸟巢箱。

埋藏宝物

宝物可以是任何你喜欢的东西——一根棒棒糖、一本书或一个玩具。把它放进盒子或袋子，然后藏到某个地方——可以是大树上一个浅浅的洞里、空荡荡的菜园当中，或者一块不起眼的石头下面。要确保你能找到宝物，然后画出一张藏宝图或者写下一系列线索，让你的兄弟姐妹或朋友来寻宝。越难越好，但要准备好降低难度的提示，以免他们中途退出。

摆摊卖柠檬水

夏日炎炎，还有什么能比喝一杯清凉的新鲜柠檬水更加美妙的呢？请在父母的帮助下把糖和水混合在一口锅里，熬成糖浆，再把糖浆和柠檬汁混合，装进壶里，继续加水。然后你要尝一尝——这样就知道你是需要再加一点儿糖还是加点儿柠檬汁了。如果住在繁华的街区，你可以搬一张桌子出门，销售你自制的柠檬水，然后把赚到的钱捐给需要帮助的人。

做一次野外生物研究

在你家院子或附近的公园里把自己安顿好，带上食物和各种用品，尽量长时间地记录你看到的所有动物并进行统计。你可能会看到很多乌鸦和喜鹊，或者非常多的蜥蜴和甲虫。一定要记录下观察的时间——不同动物会在不同时间出现。

和邻居一起做饭

如果你的邻居和你家拥有不同的文化传统，你可以请邻居教你做他们喜欢吃的饭菜，进而了解他们。通过这个方法，你或许能学会包饺子、做寿司、做面条或炖菜。如果你幸运地生活在一个非常多元的社区，你很可能会成为世界美食家！

打理菜园

种植一些蔬菜或者香草，在你做饭时使用，是很好的事情。你可以在自家后院种植，也可以在阳台或者窗台的花盆里种植。先搞清楚你可以使用的空间，然后为你可以种植的作物制订计划。香草在花盆里可以生长得很好，你也可以在花盆里种草莓。如果空间足够大，你还可以种植更多的蔬菜——胡萝卜、西红柿、生菜等。

观察天体

仰望星空是件很浪漫的事。只有在黑暗的环境里，你才能看到更多东西，阳台或者后院可能都无法满足这一点。如果一个大人能带你到某个黑暗的野外，关上手电筒，你就可以看到很多星星了。你可以架设好摄像机，观察天空如何随地球自转而变化，你也可以用望远镜观察木星和土星。

建造一个小小图书馆

如果你有很多读完的书，可以在房子外面建造一个小小图书馆了。你需要找到或制作一个防水的书箱，你可以把书箱支在栅栏上或者找一根结实的柱子支撑。再做一个标识，让人们可以自由地取走或者留下书籍。这样一来，你读过的书别人也能读一读，而你可能还会收到新书！

画下你所生活的城市

找到你所在城市的最高点，可能是你家阳台，也可能是你的树屋，还有可能是某座山或者某棵树。站在最高点的不同位置，你可以为你生活的城市拍张照片，也可以直接画下来。

了解你所生活的城市

也许你和家人一直在这座城市生活，也许你的父母和祖父母也在这里长大，也许你们才刚刚搬来。不管怎样，你可以去当地的图书馆或者找一位在这里住了很久的邻居，了解这座城市的历史以及它发生的变化。

拍摄一部短片

你可以用手机或摄像机拍一部关于你在城市生活的短片。你可以介绍你的房子、家人，以及你的邻居。短片完成后，你可以分享给远方的朋友或亲人并请他们也拍一部。

参观附近所有公园

大多数城镇都有不止一个公园，有的专为运动设计，有的崇尚自然——有一条小溪或河流经过，或者周边的草长得很高。参观你家附近的公园，想一想：哪一个公园适合踢足球？哪一个公园的鸟类最多？哪一个公园的自行车道最棒？

绘制家族树

制作一棵庞大的家族树是一项非常酷的工作。从你和你的兄弟姐妹开始，向上画一条线，写下你父母的名字，在父母的名字旁边填上他们的兄弟姐妹的名字，以及他们的孩子（你的堂/表兄弟姐妹）的名字，然后再追溯你父母的父母，依此类推。你可以请一位年长的家庭成员帮忙。你的家族中有多少人？你能找到家族中的一些老人，了解他们的生活状况吗？

露营过夜

你可以在自家后院或者附近的露营营地完成这项探险。在室外过夜是很疯狂的挑战，你可以带一个睡袋或者搭一个温暖的帐篷体验一下。你可以将零食装进背包或者请家长帮忙操作露营火炉，自己做晚餐。露营过夜总会比你想象的更可怕一些，尤其是当夜间动物开始活动，发出窸窸窣窣的声音之时。这时候如果有个朋友在你身边会好很多！

SHIJIE ZHI LÜ
世界之旅

出版统筹：汤文辉
品牌总监：耿　磊
选题策划：耿　磊
责任编辑：吕瑶瑶
助理编辑：王丽杰
美术编辑：刘冬敏
版权联络：郭晓晨
　　　　　张立飞
营销编辑：董　薇
责任技编：郭　鹏

A World of Adventures
Author: Lauren Smith
Illustrator: James Gulliver Hancock
Copyright © 2020 Australian Geographic
Simplified Chinese edition © 2021 Guangxi Normal University Press Group Co., Ltd.
All rights reserved. No part of this publication can be reproduced, stored in or introduced into a retrieval system,
or transmitted, in any form and by any means (electronic, mechanical, photocopying, recording or otherwise),
without the prior written permission of the copyright owner and publisher of this book.

著作权合同登记号桂图登字：20-2021-146 号

图书在版编目（CIP）数据

世界之旅 ／（澳）劳伦·史密斯著；（澳）詹姆斯·格列佛·汉考克绘；
王扬译. 一桂林：广西师范大学出版社，2021.7
　书名原文: A World of Adventures
　ISBN 978-7-5598-3886-5

Ⅰ. ①世… Ⅱ. ①劳… ②詹… ③王… Ⅲ. ①旅游指南－世界 Ⅳ. ①K919

中国版本图书馆 CIP 数据核字（2021）第 109421 号

广西师范大学出版社出版发行
（广西桂林市五里店路 9 号　邮政编码：541004　）
（网址：http://www.bbtpress.com　　　　　　　　　）
出版人：黄轩庄
全国新华书店经销
北京盛通印刷股份有限公司印刷
（北京经济技术开发区经海三路 18 号　邮政编码：100176）
开本：889 mm × 1 194 mm　1/12
印张：6　　　字数：130 千字
2021 年 7 月第 1 版　　2021 年 7 月第 1 次印刷
审图号：GS（2021）3223 号
定价：69.80 元

如发现印装质量问题，影响阅读，请与出版社发行部门联系调换。
本书地图系原书插附地图。